历经两千余年传承一贯的佛教，在过去，对于中国和印度的学术思想、政治、教育，都有过辉煌的功绩。到了中国以后的佛教，自魏晋南北朝，历隋唐以后，一直成为中国学术思想的一大主流，而且领导学术，贡献哲学思想，维系世道人心，辅助政教之不足，其功不可泯灭。推开后世佛教徒偏误的流弊而不言，仅从大处着眼，可以赞许它是哲学的哲学，宗教的宗教，一点也不为过。至于它的流弊所及，有许多地方可以被社会所指摘，都是积非成是的佛教末流，对于真正佛教的教义和它的伟大精神，并不相涉。

但依照目前中国佛教，和东南亚各地佛教的作风，前途未可乐观。所幸，不乏沉潜卓越先见明知之士，为了佛教，为了护法，各尽所能，一本能仁堪忍的毅力，见义勇为的精神，来荷担如来的家业，重振佛教的雄风，以适应未来时代的潮流，争取未来时代的光荣。其实振衰起疲，端在念力一转，此诚笔者所为翘首盼待，馨香祷祝的了。

南怀瑾

中国佛教发展史略述

人民东方出版传媒
東方出版社

编者的话

南怀瑾先生是近年来享誉国内外，特别是华人读者中的文化大师、国学大家。先生出身于书香世家，自幼饱读诗书，遍览经史子集，为其终身学业打下坚实基础；而其一生从军、执教、经商、游历、考察、讲学的经历又是不可复制的特殊经验，使得先生对国学钻研精深，体认深刻，于中华传统文化之儒、道、佛皆有造诣，更兼通诸子百家、诗词曲赋、天文历法、医学养生等等，对西方文化亦有深刻体认，在中西文化界均为人敬重，堪称“一代宗师”。书剑飘零大半生后，先生终于寻根溯源返归故里，建立学堂，亲自讲解传授，为弘扬、传承和复兴民族文化精华和人文精神不遗余力，其情可感，其心可佩。

佛教自两汉之际传入我国，经与本土的儒家、道家哲学互相融合、渗透，在中国找到了最适宜的土壤，生根开花，成为“国教”。关于中国佛教的发展变迁史，大家名作不少，但南先生的这本佛教史依然显出独特的个性来：首先，南先生不拘泥于中国佛教，而是纵向溯源，从释迦牟尼之前的印度宗教哲学讲起，进而分析其东传的机缘及在中国传播的路径，同时又着力横向对比，引入佛教在亚欧各大国的发展传播状况，在世界史图中给中国佛教的发展标定了位置。其次，本书虽为佛教发展史的系统讲解，亦引入大量史料，但读来并不艰深，而是沿袭南师一贯的轻松风格，始末变迁，言简意赅，娓娓道来，有理有趣。最后，书后附录的《禅宗丛林制度与中国社会》为了解佛教丛林制度提供了详细的资料。

本书根据南怀瑾先生最初的繁体版编订，尽量保留原汁原味的南氏风格，只订正书中存在的部分疏误，统一人名、地名的译法，并补充个别外语原文。本书初版时名为《中国佛教发展史略述》，此前大陆简体版曾将此书更名为《中国佛教发展史略》，并将原书第四章和第五章调换位置。我们在与主持修订的刘雨虹师讨论后，一致决定恢复南师作品原貌，以示尊重。

我社与南怀瑾先生结缘于太湖大学堂。出于对中华优秀传统文化的共同认识和传扬中华文明的强烈社会责任感、紧迫感，承蒙南怀瑾先生及其后人的信任和厚爱，独家授权，我社遵南师遗愿，对已在大陆出版过的简体字版作品进行重新整理和修订，陆续推出，力求贴近原讲原述，还原作品原貌。作为一代国学宗师，南怀瑾先生“通古今之变，成一家之言”，毕生致力于民族振兴和改善社会人心。我社深感于南先生的大爱之心，谨遵学术文化“百花齐放，百家争鸣”之原则，牢记出版人的立场和使命，尽力将大师思想和著述如实呈现读者。其妙法得失，还望读者自己领会。

东方出版社

二〇一五年四月

目　录

第三章　中国佛教的传播

第四章　世界各国的佛教

第五章　二十世纪的佛教

附录　禅宗丛林制度与中国社会

引　言

《中国佛教发展史略述》，顾名思义，当然偏重于一般报道性质，现在把它分列为五章来叙述，具体的篇章节目，另如目录所具。我的意思，认为要了解佛教的起源，必须要对释迦牟尼以前印度传统的文化，有一简单的认识。犹如佛教所说“法不孤起”，任何一个圣人教主，他的学术思想的产生，必然有它的前因后果，决不会凭空而来的，所以首先要述说印度的宗教哲学思想。第二，对于教主释迦牟尼佛的生平，尽量从比较客观的观点，做学术性的介绍。因为宗教气味太浓，有时会使人熏得头昏脑涨，大有吃不消之感。第三，凡关于佛教的传播，和现代世界佛教活动的情形，大概有两个要点：一、就地区而言，偏重在亚洲方面，而亚洲方面尤其又偏重在自由民主阵线的各国佛教。其余因为临时缺乏可靠资料，恕未详细道及。二、就人事和时间而言，只写到民国三十八年（一九四九年）的前后，目前的情况，都已如所周知，而且也未到定论的阶段。总之，人世间难以逆料者是事，善于变化者是人，所以对于目前的人事，只有留待他日历史的定评了。

第一章

佛教与印度固有文化的关系

第一节 印度文化的发展

印度文化的背景

印度上古文化的宗教哲学

印度文化的背景

任何一个宗教的成长，必然有它文化的背景。今日世界，说到具有悠久的历史和传统的文化，如所公认，只有东方的中国、印度和西方的埃及、希腊，所谓世界的四大文明古国。希腊的光荣史，已成过去，但其文化遗存影响所及，却交融流布而形成了现在的欧美文化。埃及文化，已如冥鸿雾豹，只存吉光片羽。印度文化，尤其是震烁天地，照耀古今的佛教文化，后历汉季而宋世，已经全盘融会于中国文化的领域中了。希腊文化代表西方，初由宗教而展开为哲学（philosophy），再由哲学而衍化为科学（science），它带给西方文化的现代文明，可谓枝繁叶茂。今日世界人类，如要研究各大宗教文化的起源，很显然的，归根结蒂，都肇迹于东方。尤其佛教文化，早已与中国文化结缘而为一体，其影响的普遍，自不待言。但印度文化中，忽然产生佛教，而传入中国后，又形成了光芒四射的巨流，追溯其来源和寻求其背景，必然有它的前因后果。所以要了解佛教文化的诞生，和其前期文化的孕育，对于印度传统文化，先须有一简单认识。

人生于天地之间，无可避免的天然气候和地理环境两者，是形成一个民族文化的重要因素。印度位居南亚半岛，地理气候，有南北东西及中央地区的明显差别。南印接近热带，北印靠近喜马拉雅山，气候稍冷，中印度为温带气候。古代印度人的年节，为适应气候，一年只分三季，每季四个月。因地近温、热带，人们的身心动态，大率思想多于行动，尤其接近南印度地带的，更富于神奇的幻想。自古至今，他们的文化和语言，一直没有统一，古代印度所有的文字，约有五十以外至六十四种之多，我们以前笼统叫它梵文，其实梵文只是所有印度文中的一种。现在印度通行的语文，也还有几十种。中国因为有了秦、汉以来的大统一，所以能够做到“车同轨，书同文”。而印度却不然，虽其自古至今都号称为一国，其实，还是部族分领，各据一方，它的文化，并未真正统一。当我国周秦之际，它也像我们的春秋列国，据地称王者，约有二三百个小邦。当时学派林立，思想学说，各自言之成理，统率一方的，约有百家之多。人文生活，有一特点，就是阶级区分，非常严格，因此贵贱异等，苦乐悬殊，虽在二十世纪自由平等的新思潮冲击下，其观念的深固，可谓自古已然，如今不改。

印度人的四种种姓制度，形成传统的四种阶级：

（1）婆罗门：为世袭而职司祭祀的专业僧侣，是宗教文化教育的中心，位居上品，受人尊敬，为精神及思想领导的高阶层。举凡军国政治，也都为其所左右。

（2）刹帝利：即王侯武士，集军政权于一族，为世袭的统治者。

（3）吠舍：为拥有财货的商贾阶级。

（4）首陀罗：为从事耕种的农民阶级。

此外，还有世奴贱民，操屠杀等贱业，地位卑下，生活艰苦。

上述古印度的四种姓及阶级制度，一直牢不可破，经过三千多年以来，其观念的残存，还未完全泯灭。

复次因为婆罗门阶级掌握文化教育，依据四吠陀典而崇尚“神人”“神我”的思想，形成印度历史文化中心的“婆罗门教”，渐次普及影响到印度人三种姓，即婆罗门、刹帝利、吠舍三阶层的思想意识，始终倾向于出世的沙门（修道人）生活。他们理想的人生历程，概分四个时期：

（1）净行时期：即少年时代的教育生活时期。他们到达一定年龄（婆罗门的弟子，从八岁到十六岁之间。刹帝利的弟子，从十一岁到二十岁之间。吠舍的弟子，从十二岁到二十四岁之间）便出家就学，学习吠陀等学问，经过规定年限，例有十二年、二十四年、三十六年或四十八年等，期满学业成就，便可回家还俗。

（2）家居时期：也就是壮年的生活时期，可以结婚生子，负担家庭生活，善尽一家之主的责任。

（3）林栖时期：即是中年的栖隐山林、潜心修道的生活时期。因在壮年时代，已经完成人生家居的义务，从此深隐高蹈，勤修苦行，学习各种禅定思维的方法，以求“神我”的升华。

（4）遁世时期：由中年的修行，进入衰老的岁月，修行生活，经告一段落，身心绝对净化，道果业已圆成，从此便遁迹山林，脱屣尘境，再不参预世事了。

这种理想的人生，除了婆罗门本身的倡导和享受以外，其余刹帝利和吠舍两阶级，也可效法。到贱民阶级的首陀罗，却永远无法分享，这种宗教生活，根本就被禁止。因此，有了刹帝利的反感，逐渐不满婆罗门所领导的思想旧规，他们脱颖而出，对于宗教、哲学、文化、教育等等，都有新思潮的鼓荡。从而寻究真理世界的真谛，研求“神我”灵魂的究竟，乃至探究宇宙万象的根源，所以才有印度文化中奥义书的出现，以与婆罗门的传统精神，互相抗衡。但婆罗门的地位依然屹立不动，婆罗门的思想，仍是深入难变。

以上简介，可以了解古代印度人的思想渊源和文化背景；由于（1）地理环境和天然气候的殊异，喜欢醉心思维，骋志高远。（2）早已有了根深蒂固的婆罗门教和普及的宗教思想。（3）有史以来，便倾向于出世思想，以求净化身心，并以林栖遁世为人生最大的享受。（4）思想高远偏向虚幻，由“神我”而回到平实的人生，中间缺乏人本主义的思想体系，致使阶级划分綦严，贵贱等位悬殊，连宗教的信仰，都不能得到平等自由。因此有了释迦牟尼的应运而兴，他以慈悲宏愿，创立佛教，截长补短，存优去劣，应化众生的美善精神，综理百代的文化传统，破除人间的阶级观念，指示人性的升华成就。

印度上古文化的宗教哲学

印度文化，从公历纪元前大约两千年，到公元后大约一千年间，绵亘三千年之久，它以特殊的思想形态和丰富的思想内容，在世界文化史上，确实占有极端重要的崇高地位。

上古时期的文化思想：

1. 吠陀典：通称吠陀文化，也就是婆罗门教的文化中心时期。他们之传播教育，确定民族文化意识，完全依据吠陀经典作为中心思想。所谓吠陀典，也有韦陀、毗陀等等多种译名。其中文义解，则相当于“智论”或“明论”。换言之，即求了知宇宙人生的智慧。它包括了三类大典：

(1) 赞颂（曼怛罗 Mantra or Sāmhita，本集。）

(2) 净行书（婆罗哈摩拏 Brahmana，婆罗门书、梵书、神学书。）

(3) 奥义书（优婆尼沙陀、优婆尼沙昙 Upantṣad，秘密书、哲学书。）

关于赞颂方面，有四种本集，也叫做四吠陀：

(1)《梨俱吠陀》(Rig-Veda）赞诵

(2)《夜柔吠陀》(Yajur-Veda）祭祀

(3)《娑摩吠陀》(Sāma-Veda）歌咏

(4)《阿闼婆吠陀》(Atharva-Veda）祈禳

吠陀的赞颂明论：为印度宗教哲学的滥觞，它由宗奉多数神祇，崇拜天地日月风云雷雨，以及山川庶物等自然万象，作为歌咏来赞颂，可以说是原始文化的泛神主义。它的宗教哲学意义，不说地狱，不说过去，也没有因果报应的观念。认为人类的灵魂不灭，躯壳死后，灵魂依旧回到夜摩天（yamam vaiv asvatam）去。凡是祭祀神祇禳灾祈福等事，都用吠陀赞颂来歌咏它，就可得到感应。相似中国上古文化的巫祝之类，也与世界人类任何民族原始的宗教意识相同。

渐次为了满足形而上的要求，由此而生起原人的论说。原人就是造化一切的主神，他是至高无上的一尊，他是宇宙人类的原始者，宇宙万物的形形色色，也就是原人的分化。

这些也与世界人类任何民族原始的宗教意识并无二致。

2. 净行书：时代渐次进步，吠陀的哲学理论，不能尽合人们的要求，于是才有净行书的兴起，促使婆罗门阶级而形成巩固的婆罗门教。净行书的要义，大部分仍然承受赞颂明论的祭祀歌咏，祈福禳灾的方式。在它的宗教哲学方面，对于吠陀哲学中造化一切主神的原人论，加以蜕变，崇奉一个造物主宰的神，他是梵我不二的。这个主神，便是梵。梵，就是绝对清净至真的意思。人性的我，与梵我不二，相似于后世儒家的天人合一，及其他宗教的神我合体的意义。后来这个大梵的宗教意识，与梵我不二的哲学，一直深植印度哲学思想之中，直到现在的印度教和瑜珈术等，他们的最高目的，还是企求达到梵我合一的境界。但由崇奉净行书形成的婆罗门教，同时仍循吠陀传统，崇拜自然伟大，采取下层阶级普遍所敬奉的阿修罗、恶鬼、罗刹等神怪，一律加以尊敬。

净行书比较婆罗门教唯一的特点，就是加上宗教哲学的因果报应。众生业力流转生死轮回，由于宿世不同善恶的种因，便有今生各别苦乐的果报。因此还有所谓“上天堂”与“下地狱”的说法，这就是业果报应的最初来源。

3. 奥义书：继净行书之后所兴起的，就是奥义书。吠陀是印度上古传统宗教哲学的渊源。一变而有净行书，包罗丛博，为印度原始宗教婆罗门教的哲学宝典。再变而有奥义书，为印度宗教哲学，与知识分子和平民普遍的哲学总汇。当净行书的末期，印度人对于宗教和哲学的探索，已达到热情横溢，上下普及的阶段，无论男女老幼，大家都对于心灵的解脱，灵魂的追究，世界生成等问题，竭尽心力去研究。奥义书的音译，优婆尼沙陀，含有师弟对坐，秘密传授的意义。内容丰富，思想幽玄，全部概括有两百种以上。德国哲学家叔本华，醉心欣赏奥义书，他的哲学思想，受其影响很大，他再三赞叹奥义书：充满神圣与热情，每章读起来，都会使人引起高洁的幽思，全世界所有书籍的价值，都难比得上它的卓越与深邃。他认为这部书是他生前的安慰，死后的寄托。

奥义书思想的特质：

（1）它确定梵我不二：无论在形而上的造化主的本质，与形而下自我的本质，本来就是一个整体，世界万象，本来就与我同根所生。净行书的哲学，由肉体的生命说到心灵的生命，但到此为止，说不出一个所以然。奥义书却把潜在身心内部的自我，分成五藏与四位。所谓四位，便是：①醒位②梦位③熟眠位④死位。所谓五藏，便是①食味所成我②生气所成我③意识所成我④认识所成我⑤欢喜所成我。这个欢喜所成我，就是灵魂自我的至高无上，绝对快乐的境界。

总之，奥义书的梵我哲学，它的最终目的，就是把个人的小我，超脱升华而归到大我的大梵里去，如百川汇海，点滴归宗，整个宇宙群生，森罗万象，无非就是一个大我的变化而已。

（2）大梵化生万象：这个世界的万象，包括天人动植飞走等生物，都是大梵的化生，它由地、水、火、风、空五大种子，化生卵、胎、热、湿、马、人、象，动植飞走等物类。好像大海扬波，变幻生出群象。它并无目的，只是游戏性质在变魔术，所以一切现象都是虚幻的，只有一个梵我是实存的。自大梵生起世界万象的程序，约可纳为四段过程：

第一，先由名色的我，（可以说是抽象观念的主观作用）开展这个世界。

第二，再有太初的我，生起欲望，由于欲望的想象，才流出水、火、大地等三大原素，做成人我。

第三，由人我的化合，进入其他群象。

第四，由我再造世界，才有海和风，生命和死亡。梵我从生命类的顶门进入，做成人我。

人我也就是有情的中心。所谓有情，概括很广，天人的群类，和世界上的各种生物。梵的自性有两面，一面可以始终保持本体的本位，一面发展做成一个生活的人我。换言之：一面有力量组织成人我的身体（似肉体的）；另一面又变做一个生命的力量，进为有情物命（类灵魂的）。肉体的部分，有五种风与三德，五种风相似道家所谓的气机，有呼、吸、介风、死风、消化风等。三德就是喜、忧、暗。梵我被肉体和心识所包围，不得解脱，犹如禁闭在牢狱中一样，它永远在心脏内底的小空处。永久禁闭着我的有关机能，便是生气（呼吸）根、意等作用。眼、耳、鼻、舌、皮，名为知根，是认识的泉源。手、足、舌、排泄器官、生殖器官等，名为根，是意志的泉源。中间联络的主管，就是意。醒时，由五风与根等，全部都在活动。梦时，只是五风和意在活动。睡眠时，意也休止，只有五风在活动。觉位，便是解脱的境界，正是那个无喜、无忧、无痛苦、无快乐的梵我的欢喜地。

（3）轮回与解脱：人我有情的命运，只有两条路。一是跟着现象在继续变化，便是轮回。一是返还到大梵的本位，便是解脱。有情界不得解脱，便都在天、地、空三界中轮回三道四生。三道，便是①天道、②祖道——人道、③兽类和地狱道。四生，便是胎、卵、湿、化四类生命。奥义书最终的目的，便是求得解脱，脱离罪恶和烦恼，就是悟得人性中唯一不二的梵净。人之所以不能还到梵净，就是无明的障碍，反之，明了就可觉得梵净。人们怎样才可以返还梵净呢？只有修习禅定和瑜珈，抑制感觉和表象的活动，念诵梵的表征唵（嗡 Om）字的密语（密咒），能够念念相续，渐渐可以把握身心，进入真净的梵我和大梵重新合一不二。

第二节 各派哲学的兴起

六派哲学与宗教后先辉映

释迦佛教的产生与外道的异同

六派哲学与宗教后先辉映

印度的宗教哲学，由吠陀典到净行书，再变而为奥义书，探讨宇宙人生的态度与方法，愈来愈加严密，内容也逐渐充实而包含广博，但奥义书的思想，矛盾百出，仍然不能摆脱婆罗门教的范围。求真的精神，也是人类潜在的根性，于是从宗教哲学脱颖而出，自求真谛的各派哲学，当释迦牟尼创建佛教的先后期间，纷纷独立，都自有它的哲学系统和思想组织的体系。依照一般研究印度哲学的习惯，都叫它为正统六派，异宗三派。所谓正统六派：数论（Samkhya），瑜珈（Yoga），胜论（Vaisesika），正理（Nyāya or Naiyayaka），弥曼差（Puarra Mimānsā），吠檀多派（Vedanta）。这六派仍然承认吠陀以来哲学的权威，可以说是婆罗门教的“正统派”。所谓异宗三派：佛教、耆那教、顺世派。这三宗是“反正统”，不承认吠陀思想的权威。数论派的世界观是二元论，说宇宙的根元，有物质原理的自性，与精神原理的神我，由这两种的发展，有大我慢、五知根、五作根、心根、五唯、五大、二十三谛说明群象。瑜珈派依数论派思想，成立瑜珈哲学。胜论派对于现实世界，立足于多元论，主张物理的世界观，用实、德、业、同异、和合、根本六句义的六种范畴，说明一切。正理派以胜论思想作背景，发展因明的正理，确定认识的价值。弥曼差派，继绍净行书的仪式。吠檀多派，祖述奥义书的哲学。实质上，都是祖述吠陀，稍加修整，另换一番新的面目。

1. 数论派：印度所有宗教的特点，哲学睿智的研究，往往超过绝对信仰的主观。数论派的哲学，首先便是确定这个现实世界，纯苦无乐，要求解脱，必须先了解苦因，但认为生天、祭祀、祈祷等方法，并非究竟解脱。这个世间，为三苦所逼：(1) 依内苦，就是①病苦（风、热、痰等）。②心苦，可爱别离、怨憎聚会、所求不得、有生就苦。(2) 依外苦，不能摆脱物质世界的迫害等。(3) 依天苦，不能脱离自然界的束缚等。

他们建立因中有果论，立自性神我二元，做根本原理。同时又建立二十五谛为宇宙人生的真谛。立三种量论：(1) 证量（又名现量，相似直觉经验）。(2) 比量（一般知识，都是推测而知的比量。）(3) 圣言量。正理派在这三种量以外，又加比喻量。因此认为神的存在，不能证明，就是不可知数，所以接近于无神论者。所谓二十五谛，如附表：

非能造 非所造者	神我
能造者	自性
能造所 造　者	大（觉）我慢 五　唯——色、声、香、味、触。
所造者	五　大——空、风、火、水、地。 五知根——耳、皮、眼、舌、鼻。 五作根——舌、手、足、男女根、大遗根。 心　根

数论派的哲学思想，显然由婆罗门的宗教意识脱颖而

出，倾向于理性的探讨和生命的研究，要求解脱轮回而证道果。中国《大藏经》中数论派的典籍，有真谛所译的《金七十论》，可资研究。但整个思想系统和理论的条理，仍然缺点很多，不能自圆其说。

2. 瑜珈派：瑜珈派的哲学思想，本来与数论派如出一辙。只是数论的宗旨，大有倾向无神论的成分；瑜珈派却建立超然一尊的神，大自在天。瑜珈（Yoga）的意思，有冥想观行，天人相应的作用，所以有的译释为相应，有的意译为禅，或禅思、禅观。瑜珈经立为四品，第一、三昧品（禅定中的觉受 Samādhi Pāda），阐述三昧的本质；第二、方法品（Sādhana Pāda），阐述入三昧的修炼方法；第三、神通品（Vibhūti Pāda）阐述神通的原理和它的种类；第四、独存品（Kaivalya Pāda），阐述最高的目的，达到无系缚，绝对自在的神我境界。

瑜珈派的哲学，大体与数论派相似，只把自性改作第二十四谛，把神我作第二十五谛，立大自在天（伊湿伐罗 Mahlsvara）为第二十六谛。自在天是无情、无想、无业，不受业果，超然于苦乐业报以外，扩展至超时空的大神我。他是一切天人师，他的表记密语是梵文的唵（嗡 Om）字，单念诵它就可以得到相应。但瑜珈所立的神、与人我的身心，又不可分开的，所以他们的修炼方法和原理，又都从心理与生理入手，绝欲清心，自求解脱。

瑜珈的修炼方法，由八支行法而达到神通解脱的境界。所谓八支行法，便是禁制、劝制、坐法、调息、制感、执持、静虑、等持。（1）禁制，就是行为的戒律，要守不杀、不盗、不邪淫、不妄语、不贪的五戒。(2) 劝制，就是清净的行为，要知足、苦行、学习念诵和记诵，虔敬大神的五事。以上两支，无论修道与在俗，都应共同遵守。自第三坐法以下，就只宜修炼瑜珈行者的特别修行。(3) 坐法，共有八十四种至九十六种之多，有莲花坐、狮子坐、鸡坐、拜坐等等。还有双手十指结成的手印，也有许多不同，这些都是达到神通成就的秘密表记。(4) 调息，有练习呼吸气功的各种方法。(5) 制感，控制身体的感觉，有收摄六根的龟缩法等，可以达到如动物冬眠的状态。(6) 执持，使令此心不动，断绝一切妄想，制心一处。(7) 静虑，由持心不动，可使境与心冥，得浑然合一的禅定。(8) 等持（即三昧，或称为三摩地），终使心如虚空，境照万象。由执持到静虑和等持三支，是瑜珈的中心行法。由此而获得不可思议的神通和智慧。换言之，最后达到启发自我不可思议的潜在力量，从自性而获得解脱，进入智慧的境界。但三摩地也有深浅的不同，大体分有想（有心）和无想（无心）两种。无想就是无想定的最高境界，由有心到达无心的妙境，可以使神我超然独照。修习瑜珈，能够成就神通，据《方便心论》所记载，瑜珈外道，便有八微的说法。那就是四大（生理变异）：空、意、明、无明。八自在：①能小②能大③轻举④到远⑤随心所欲⑥分身⑦尊胜⑧隐没（隐身）。

瑜珈派的哲学，与其说它是学术思想，毋宁说它是实证主义，它的理论，也由于上古以来奥义书的层层蜕变，但尤其注重禅思与观行，用身心求证宗教哲学的真谛，所用的方法，是近于科学的。印度任何宗教与学派，求证的方法，都离不开瑜珈的禅观，佛教也不例外，只是求证所得的，有程度深浅与见地真确与否的差别。

3. 胜论派：梵语吠世史迦（Vai śesika）又译作卫世师，有差异、特性等意义。初以六句义立宗，后又演为十句义。中国《大藏经》中收藏有玄奘法师译，慧月论师著的《胜宗十句义》，约如：

（1）实　是梵语陀罗标的译语，就是说宇宙万有实体的本质是包括时间和空间（体）。

（2）德　是梵语求那的译语，就是宇宙万有的现象（相）。

（3）业　是梵语羯磨的译语，就是万有的作用（用）。

（4）同　说万有群象不同中有共同的原则。

（5）异　说万有同中有各各差异的特性。

（6）和合　说实德、能所等，全体与部分等类之间的关系。

（7）有能　说万有实德业本身的功能。

（8）无能　说自果自生，不涉他果。

（9）俱分　说同体中互通，例如人和人。非同体中互异，例如人非禽兽。

（10）无说　说万有群象毕竟的不存在。

十句义的胜论派的总纲，由十句演绎分析，内容包含心理、生理、物理、精神、时、空等理论。他们对于物质世界认为是客观的存在。同时建立极微的学说，分析物质大种，相似于现在通行的微细物理学、原子核物理学、以及素粒子论理学等等的学说。认为极微无数而常住，由不可见力，集合离散。分析到无可分处，就是极微，并无别有所造的主宰。极微不可见，不可再分析，它永恒不变不灭，无始无终，它的形状是圆体的。它如光尘（日光中的飞尘）的六分之一大小。但是地、水、火、风四大的极微，又各自不同，它们有色、味、触，犹如液体。极微互相拥抱，成二重极微，名为子微。三个二重极微相合，成三重极微，名为孙微，它的大小就和光尘相同了。四个三重极微相合，成四重极微等等，这样辗转相依，形成三千大千世界。这与希腊初期哲学的原子论、唯物论，与中国《易经》的阴阳之说，有些地方，都有异曲同工之妙，近于自然科学。但这种学说因发生在印度，他们文化的传统精神，最后的宗旨，都是要求超脱人间世界，所以胜论派最终的目的仍然为求精神的解脱，并不向物的方面去研究发展。胜论派的特点，便是因中无果论，而且趋向解脱之道，是求真知灼见，等于是纯粹的知识论。理论太多，裁定到此为止，姑且略作论介。我们《大藏经》中，有《百论疏》、《唯识述记》等可资参考。

4. 正理派：梵语尼夜耶（Nyāya），有推理和标准的意思，通常习惯，译成正理。就是印度因明学的宗祖学派。正理派开创的目的，仍然在求真知，达到智慧的解脱，后来演变成为因明，有五支因明的宗、因、喻、合、结。及三支因明的宗、因、喻。严谨的推理体系，都只是继承正理派求知的一种方法论，并非正理派的大目的。有人认为西方逻辑（Logic）的发展，与印度因明的关系，大有耐人寻味之处，此是题外的事，暂不置论。

5. 弥曼差派：梵语弥曼差（Mimānsā）有思维考察和

研究的意思。弥曼差的哲学，可以说是研究婆罗门教仪的教义，阐扬吠陀思想的宗教哲学。他们发挥阐扬吠陀的祭祀和教法的正统解释，思维考察净行书的内义。因此创立“声常住论”，认为吠陀经典的文字语言，除了“语意”以外，它的文字“语性”，还是永恒共同常存而不变的。吠陀的文字，就是天启的经典，不容否认就是真理，而字声都有极神秘的力量，把它奉为最高无上的原理，所以梵文字声，也具有至高无上的权威。这种哲学的基础，启佛教后世密教咒语瑜珈的理论根据，非常有力。至于建立理论的方法，并不是法定的盲目迷信，他也采用因明论理方法做依据，建立量论。有经验实证的现量，推测而知的比量，还有比喻量和义准量。他完全以维持古典的婆罗门教思想，反对佛教的非仪式主义。但却不能建立唯神存在的理论，所以才有吠檀多派的兴起，来补救这个缺憾。

6. 吠檀多派：本派继弥曼差派之后兴起，也是反对佛教哲学，极力维护吠陀和奥义书的真理。建立一个一元论的梵为究竟。顾名思义，就是吠陀的演绎。这两派虽然时代较后，但因为它是印度宗教哲学的大系，学说影响人心很大，所以通常都与前述四大派相提并论。

释迦佛教的产生与外道的异同

由以上的简介，对于印度上古以来的历史文化和宗教思想，以及各个哲学学派，先后林立的形态，已略有认识。从我们历史文化的角度来看，恰如东周末期，百家争鸣，流派繁兴，思想的紊乱和信仰的意念，因冲突而生动摇，加上政治因素，社会经济贫乏，和种族诸侯间的战争和矛盾，所谓“加之以师旅，因之以饥馑”，由于时代的要求，就有澄清天下或解救世人的非常人物，即应运而生了。但历史昭示我们，这种非常人物，必然只有两条路可走：一条路是寻求武力解决，实行统一天下，安定民生，这是英雄的行径；一条路是传播文化思想，实行其言教与身教而作圣人，使其教化，行之于天下，传之于万代。英雄是征服一切人，使天下人臣服于自己，但不能征服自己的烦恼和痛苦，以及生前死后的悲哀。圣人是征服自己，有替天下人负担起长期烦恼，解除别人痛苦的勇气。释迦佛教在印度当时的环境中，应运而生，自然是有他的时代背景和历史因素的。至于佛教的哲学和行持的成果，留待后面专章论断，这里只在举出释迦出现前后，以及与其同时存在，而且对立以行教化的，并非绝无其人。特为例举说明，用以认知释迦佛教的真义和精神所在了。

1. 顺世派：这一派的学说，相似于近代的唯物论，又近于现代新兴的存在主义。因为他们的主张，都是依循现实世间，执着情想而建立理论，所以叫做顺世派。

顺世派否定一切宗教的权威，认为除了直接感觉以外，没有可以相信的东西，用推理所得的结论，也是靠不住的。这个世界，除了可以看得见，触得着的地、水、火、风四大物质以外，没有一物是真实的存在。四大互相集合，构成一切生物和人们的身体生命，产生感觉和知识，像发酵的物体，自相变化一样，精神的现状，也是物理的作用。总之，离开物质，就没有什么叫做精神的存在。所以人们只须凭自己的感觉所欲，猎取快乐。在有此身体存在的期间，满足自己的欲望，便是人类究竟的目的。快乐世界以外，不会另有什么理想世界。他们充满着浪漫情调，和物质主义、享乐主义、消极主义等思想，都很相同。他们主张自然无因论，唯其无因，所以无果。他歌唱说，无天堂、无解脱、无精神存在、无他界此方，因此也没有业果报应。其实，这种思想，在人类的矛盾心理中，永恒而普遍的存在，众生常在梦夜中，虽有晨钟暮鼓，又奈之何！可是在释迦佛传教的当时，这个学派，也是很有力量的。因此，可以想见印度当时社会的不安，趋向没落的情势。凡在动荡的社会，悲凉的时代里，或文化历史趋向下坡路时，不产生积极奋发的作为，便走向消极而沉醉在现实的享受，这种思想和主张，纵使不成其为学派，也自然而然的存在于人们普遍的意识中，何况一经人提倡，言之成理，见之于行事之间，当然会变成一派的力量了。

2. 耆那派：耆那派的开创祖师，是伐弹摩那大雄（Vardhamana Māhaviry），他和释迦佛同一时代，出生在吠舍离近郊的刹帝利族，二十八岁出家求道，修行十二年，自认为已大彻大悟，得胜者就为耆那等称号。在他后半生的二三十年间，便组织沙门群众，游化摩揭陀、吠舍离两国之间，最后死在摩揭陀的波婆村。死后不久，他的弟子们分为两大派，一白衣派；二裸形派（天体派），或名为空衣派，佛经中称他为尼乾子。当摩揭陀国有大饥馑，僧统婆陀罗（Bhadrabāhu）率领他的一派，移往南印度。余留在摩揭陀的一派，结集经典，后来回到摩揭陀的一派，不承认这个结集，而且认为南方主张裸形（天体）派的才是正行。摩揭陀派著白衣，因此就酝酿白衣派和裸形派分裂的运动，到了公元一世纪时，实际分裂。后来更又分出许多支派，直到现在，南印度若干修道的人，还是如此。

耆那教的哲学思想，大抵和数论心物对立说相同，认为精神原理的生命，是有命有灵魂的。物质的生命，是无命非灵魂的。他们是纯粹的二元论，但又认为精神原理的生命，也不外乎物质。他们又立七谛的学说，就是生命、非生命、漏（非生命漏入）、系缚、制御、寂静、解脱，再加善、恶两谛，又成为九谛了。在哲学的基本立场上，是二元，或多元说，始终自相矛盾的。他们以生命和非生命两谛，作为生死业果与解脱的要素，其余都是由此两谛划分。他们认为生命是本来自性清净的实体，因被非生命（物质）所掩蔽，才丧失它本来的光明。一切生活行为就是业（羯磨），有业渗透到生命里去，便叫做漏入。所谓业，又是微细的物质，身体运动时，便流出微细的物质，所以这个身体，就是业身。业身又系缚生命，和非生命结合，轮回诸道，受苦受乐。要脱离轮回，便须修苦行，制止业流进入生命，就是制御。制御达到旧业灭了，新业不生，就是寂静。再进而灭了一切业，生命和物质分离，上升到超越世间，才是解脱。

另一方面，他们又有类似现在物理学的磁场说法，非常有趣。那就是把生命分做虚空、法、非法、物质四种。四种生命统一，叫作实在体。构成宇宙全体的便是它。虚空，是大空处，便是万有群象成立和活动的场所。这个场所给与一切以原理，虚空本身是唯一、无限、常住、无作。但又说虚空，是概念上的空间。法，是运动的条件，也就是运动可能的空间。非法，是静止的条件，也就是静止可能的空间。法和非法，都是常住、唯一、无作的独立实体。物质，便是色、香、味、触、声等组合或分离的粗细形状，包括暗影和光热的物体。细物质就是微，微就是原子；粗物质便是复合物。原子不一定是不可分割的，然而它微细的占有空间当中的一点，运动极速，好像干和湿的互相结合，便成复合物，因此就构成事物了。生命、法、非法、物质，并存在虚空中的，就是世间现象。超过这个虚空（物质虚空），就是出世间。他们认为涅槃是流转的解脱。佛教有佛、法、僧三宝，他们也说有三宝，那就是正信、正智、正行。他们赞成修苦行，承认四姓的阶级，有的教法，和婆罗门教一样。但排斥吠陀，禁止祭祀，戒除杀生，这些精神，又和佛教相同。

3. 六师外道与其他，其次与释迦佛同时并存的六师外道，虽然各持异说，互相争鸣，但当时与后世，仍然各有他的影响力量，都自拥有部分的信众。在佛教经典中，随时都有提到他们，加以批判。但除了尼乾子一系，还有文献可征外，其余各系，都只有一鳞半爪，隐约可以窥见他们学说的内容，虽然存留无多，而立义又偏向荒谬，不过，能自成一家之说的，当然也具有部分足以自圆其荒谬的理由，约述如次：

（1）富兰那说：一切没有善恶，也没有罪福的果报，也没有上下等业力的分别。这种思想，似乎因顺世派的观念而来。

（2）末迦梨拘舍离子说：一切众生，身有七分，即地、水、火、风、苦、乐、寿命。这七分法，是不可能毁害，永恒安住不动，所以投之利刃，也无伤害，因为没有受害者及能死者的原因。这种思想，近于唯物观念，但似乎因胜论派极微论的观念所演变。

（3）珊阇耶毗胝罗所说：有两个要点，第一推崇世间现实的权力；第二存有宿命的观念。他们认为王者所作自在，物死又可重生，人死也可重生，犹如草木的秋杀冬藏，春来还自重生，所以人死命终，还来生此世间。至于一切苦乐等级，并不由于现在世的造业而来，都因为过去的关系。现在是无因的，未来是无果的。但现在的行为，若持戒勤修，努力精进遮盖现世的恶果，可以得到无漏，因得到无漏，可以尽了过去的业力，所以能够使苦都尽，众苦尽了，便是解脱。这种思想，似乎因数论的因中有果论而来。

（4）阿耆多翅舍钦婆罗所说：也是认为无善恶，无祸福，否认因果报应的理论，似乎是由顽空的观念而来。

（5）迦罗鸠驮迦旃延所说：认为人若杀生，心理如果无惭愧，结果就不会堕在恶道。犹如虚空，不受半点尘水一样。如果有惭愧，就入地狱，犹如大水，渗透滋润大地一样。一切众生的生命，都由于自在天所造作。所以人没有罪福可言，人类的行动，都是机械的，造就这个机械的巧匠，便是自在天。这种思想，似乎因瑜珈派的理论而来，每况愈下，愈来愈偏差了。

（6）尼犍陀若提子（尼乾子）所说：认为无布施、无善、无父无母、无今世后世、无阿罗汉，无修无道。一切众生，经八万劫，于生死轮，自然得脱。有罪无罪，悉亦如是。如四大河（印度大河流），所谓信渡、恒河、博叉、利陀，悉八大海，无有差别。一切众生，亦复如是，得解脱时，悉无差别。这种思想完全是偏空的理论，佛教善于说空，但空并非如唯物观念的断灭思想，研究佛学，如果没有彻底弄清楚，往往所说的空，近于外道的空见，这也是屡见不鲜的事，毫厘之差，千里之失，对此应该有所警惕了。

又，据维摩经注所传：一、富兰那迦叶，说一切法无所有，如虚空，不生灭。二、末迦梨拘舍离子，说众生罪垢，无因无缘。三、珊阇耶毗胝罗，说道不须求，经生死劫数，苦尽自得。如缚缕丸于高山，缕尽自止。四、阿耆多翅舍钦婆罗，说今生受苦，后身常乐。五、迦罗鸠驮迦旃延，说亦有亦无，随问而答，其人应物起见。若人问言有耶？即答言有。问言无耶？答言无也。六、尼犍陀若提子，说罪福苦乐，尽由前世，要当必偿，今虽行道，不能中断。此六师尽起邪见，裸形苦行，自称一切智。

关于印度哲学思想的派别，普通都以上来所说六大派及外道六师等为对象，如据佛教翻译各经的记载，派系纷繁，还不止此。通常称说有九十六种之多的外道见解，《瑜伽论》列举十六计（十六种主观成见的理论），六十二见（六十二种观念的不同）等。他如外道《小乘涅槃论》列为二十种，《大日经·住心品》列为三十种。有的说时间为生成宇宙万有的基本，有的以空间或四方，或自然宇宙为主要的成因，洋洋洒洒，都各自成一家之言。如要研究世界上的哲学思想与宗教哲学，单以印度来说，已可涵盖古今中外的各种思潮，可以叹为观止了。但历来研究印度哲学，除了注意他们各个派系不同的思想和理论外，大多忽略了他们都有实验求证的一套方法，只言学而不言术，对于印度哲学，无疑的，便是一种缺憾，所以也不能窥见他们的全貌。总之，印度哲学，除了顺世派一系是注重现实的享乐主义以外，其他各派的宗旨，大都趋向出世主义，而且都以瑜珈禅思为修证的轨则，至于瑜珈禅思方法的差别，各派有各派的理论和心得，因此又形成印度哲学修证方法上的大观，此事不属本文范围，姑且从略。但佛教教法求证的方法，也和禅观及瑜珈脱离不了关系，所以必须在事先有一说明。

结论

以上简介印度固有文化，到了释迦牟尼创立佛教的先后时期为止，对于印度宗教和哲学的情形，大体已有概略的认识，综合来说，可以得到两个结论：

一、印度文化：凡是具有悠久历史的民族，他们所积累的文化思想，都不简单。印度上古的学术思想，五花八门，无奇不有，可惜他们的历史，过去没有经过一个大统一的时期，文化思想的流派，也就庞杂不清了。印度宗教哲学，从吠陀、净行书、奥义书的发展，演变成各派的哲学，以及与释迦牟尼佛同时并存的六师外道的学说等，不但是印度上古文化思想的形态，一直到现在再变成为印度教，或各个地方自由信仰的各种教派，或多或少，仍然保留着过去传统的观念和形式。因为几千年的传统，它已经和日常生活融合成一整体。换言之，这些也已经成为他们的民族意识了。所以我们若不深切了解印度文化，但如浮光掠影，从表面上观察一番，或只依某一角度去研究一遍，就认为已经了解佛教的渊源，那就有群盲摸象，各执一端的可能了。而且我们假如不从印度固有文化哲学着手去了解研究，即使以一个佛教徒来解释佛经，有时也很容易误入婆罗门教，或其他各派哲学思想的范畴里去，何况教外人士的隔膜之谈呢！因此在叙述佛教之先，先须对印度文化的宗教哲学，有穷源探本的必要，同时也使研究佛学者，提高一分警觉，免得缠夹不清。

二、佛教的兴起：从人生的立场来看，人类文化的发展和思想的演变，以及出世或入世等伟大人物的产生，和他的学术思想的建立，必然有一前因后果的线索可寻，任何一个宗教教主和大哲学家，也都不能例外。我们先得了解印度固有文化的宗教和哲学，由此可以发现释迦牟尼佛慈悲救世的动机和目的，他所创立的佛教，和承先启后，继往开来的精神所在。倘使我们暂时离弃宗教的特性，放开排除异己的胸襟，但从学术观点立论，那么，释迦牟尼佛在印度上古史上，与中国孔子的用心，并无多大的差异之处。仲尼惧王道不彰，人心陷溺，邪说横行，于是删诗书、定礼乐、著《春秋》以明经世宗旨，存道统以续文化精神。他和释迦牟尼佛的斥外道、说正法、存平等、行教化、正思维、伸智慧，彼此用以救世救人的存心和精神，虽然稍有出入，但距离并不太远。至于释迦佛与孔子的哲学义理，高深浅近的区别，平心而论那是各有所长，殆不可强作比拟了。

释迦牟尼佛虽然有心闲邪存正，删繁就简，但佛教本身，却未能在印度本土植根或滋长，结果还靠中国将他的全部教法与学说，一概承受下来，加以融会贯通，建立起一个耀古烁今的中国佛教，实在是一件不可思议的事。可是世界上几个伟大宗教的教史，大体都不例外，凡是产生教主的所在地，当时都是不肯珍视他的施予，必须等到外人崇敬，才会视如拱璧，慢慢的倒流回来。古今中外人们的共同心理，大概都是贵远而贱近，崇古而薄今，好秘而恶显，拒亲而爱疏，俗话说“远来的和尚好念经”，也许就是这个道理。以后中国的佛教，是否还须等待有更远的和尚来念经，那就足以发人深省了。

第二章

教主释迦牟尼佛的简介

第一节 释迦的家世

薄王业而不为的大丈夫
生卒年代
族系传统
生有自来的神异传说
允文允武的天生神童
悲天悯人的至性至情

薄王业而不为的大丈夫

前述一个宗教的成长，必然有它文化的背景，但开创这个宗教的教主，以他个人的历史，与所建立的宗教，关系更为密切。所以研究一个宗教之先，必须要了解教主的生平，这是不可忽略的事。无论哪个宗教，说到教主的生平，大抵都要加上一层神秘而不可思议的传说，否则，便不足以衬托他的崇高伟大似的。时至二十世纪，因为科学知识的普及，所有传统的观念，都要加以新的仲裁，神圣不可侵犯的宗教，却也势所难免。与其依据神奇传说，不能被普遍意识所接受，毋宁从人本的立场，以研究教主的生平，如何发现宇宙人生的真谛，如何由人格的升华而至于超凡入圣，反而容易被人信赖，而且对于宗教本身的地位，自亦不会有所贬损。但正当这新旧观念交变的时代，介述一个教主的生平，既不能一味的墨守陈说，也不能纯粹的弃旧从新，只有折衷两存，尽量做到比较客观的平实，留待识者的鉴定。

佛教的教主释迦牟尼（Sakyamuni），他的生平经历，正如举世皆知，出身于印度贵族阶级，家庭地位，历历可凭，不必另加衬托，就已极尽人世的光荣显赫了。他父亲是国王，他本人为太子，这也是佛教传入中国以后，两千年来，人所共知的事。其实，当释迦牟尼诞生时的印度，恰类似我们春秋时代，那时候的中国，周天子高高在上，诸侯分封割据，邦国互相侵凌，正是封建制度快要崩溃的时期。当时五印度，并没有一个强力统治的中央政权或共主，地方势力，仍然停留在酋长分领的邦国状态，整个印度约分为两三百个国家。根据中国传统历史的说法，释迦牟尼的父亲，并不是统一全印度的共主或皇帝，而是一位国王。他的种族地位，是属于掌握军政的“刹帝利”阶级，据有世统的贵族权威。在这世界各大宗教所有教主的行列里，他以帝王的家业，显赫的身世，并非因为出身微贱，从艰难困苦中体验到人生的悲哀，而超然自拔于尘俗之外的。不同的是他在与生俱来安富尊荣的境遇中，却翻然觉悟，不仅为了自己，同时更发愿而为一切众生，寻求永恒解脱之道，并且毅然决然的弃王业而不为，以慈悲济度众生的宏愿，为觉行万有的应化，终于创建了代表究竟真理的伟大佛教。这种圣哲精神，真是难能可贵，所以值得我们的赞叹和崇敬！

生卒年代

研究释迦牟尼的历史，有一难题首当其冲，但都无法解决的，那就是印度人素来缺乏历史传承的观念和准确的时间观念。印度人自己，过去谈到历史，全靠“婆罗门”教的神话赞颂，永远缺乏过去和现世的严格划分。印度人现在的历史，是靠十八世纪以后，东方人和西方人的研究，重新确定而采用的。况且在印度的历法中，上古的年月季节，和现代有长短的出入；五印度——即印度全国东西南北中的区分，又有地方气候寒温的不同，因此日月年节又都略有出入。所以要确定释迦的生卒年月，就成为中外学者的论争关键了。

现代人自信科学的方法，有时推陈出新，难免惊世骇俗，把几千年以来的事物，重新加以确定，往往大胆假设，未能小心求证，常有流于臆说或武断的，所以不敢苟同，在此只好折衷两存，依据客观的信念，以求平实的论断。

首先提出我们的资料：有关释迦寂灭年代的参考文献，举如《法显传》、《历代三宝记》、《破邪论》、《西域记》、《释迦方志》、《鹫岭圣贤录》、《僧史略》、《翻译名义集》等。从这些流传于中国、缅甸、斯里兰卡等的记述，及欧西学者的著论中，以推知其最早的一说，谓释迦入灭是在公元前二四二二年。最近一说则在公元前三二〇——三三〇年之间，两说年代，差距如此之大，这真是一宗值得研究发掘而有趣的古史事件。

可是，根据西洋历史和世界的史料，由马其顿王亚历山大侵入印度的史实，可以确定当时印度最有光荣史迹，因为亚历山大无敌的常胜军，遭到了印度战士们的顽抗和哲学家的辩难。而亚历山大入侵印度的时候，正是一位佛教大护法阿育王的出世年代。现在用举世皆知的阿育王年代为中心，由此推寻考订其事迹，倒数到释迦入灭的年代，就会发现两个事实，一是北传的佛教经论，大多说相隔百年或百余年；南传的佛教经典，则说为二百十八年。其中相差百年，可能是因为南北印度的历法年月不同，才导致百余年的悬隔。其中南传佛教经典的年代，与隋代费长房的《历代三宝记》中所说的“众圣点记”的年代数字，比较符合。又据《大唐内典录》、《开元释教录》及贞元释教录的记载，也都近于此说。由此上溯九百七十五年，可以确定释迦寂灭的时代，正当周敬王三十四年间。再上溯八十年，则释迦出生之年，正当周灵王七年，也就是公元前五六五年，距今已有两千五百三十一年。至于他生时月日，据传正是中国纪年的四月初八。不过，这是中国夏历（阴历）的日期，并非当时印度的历日，究竟释迦的生日，合于现行历法或夏历的何年何月何日，就很难说了。不过传统习惯说是四月初八，已经有两千余年的历史，似乎不须再为此事去辨证它。

族系传统

释迦牟尼佛的生辰，如前引述，我们既已认定为相当于中国周灵王七年的四月初八。他出生在中印度的迦毗罗卫城，又称谓迦毗罗皤窣都国（Kapiavasth）。这个地方，在印度地理上，即波罗奈——或称班拿勒斯（Benares）为东北，普特罗——或称巴特拿（Patna）的西北，哥罗克堡（Gorakhpur）的近傍，尼波罗——或称尼泊尔（Nepal）的南境，恒河支流的柯哈河（Kohana）——古称卢呬尼（Rohini）流域。释迦牟尼佛的诞生处是在迦毗罗卫城东的蓝毗尼园（Lumbini）中。

释迦是他的姓氏，中文意译便是“能仁”。牟尼是他的名号，中文意译就是“寂默”。他这个族姓另外还有瞿昙（Gautama）、甘蔗（Īkṣvāku），日种（Sūryavam.sa），舍夷（Sakya）四种称呼，是属于军国武士阶级，“刹帝利”种的一族。据后世人类学者的研究，这个种族，最初系由中央亚细亚移来，定居在印度中央平原西部的印度河滨。世系传承，极其高贵，而释迦这一宗，便是迦毗罗卫城的城主，依据印度上古的习惯，也可称它为国王。当时迦毗罗卫城位于卢呬尼河的西边，河东同时有拘利城（Koli），也同属于“刹帝利”种，因此两族互通婚嫁，以维持其血统的亲近。

当迦毗罗卫城贤主净饭王（Suddodana）五十多岁时，佛母摩耶夫人（Māyā），年已四十五岁，怀孕十月，她因为爱好清静，喜欢在自然风光的郊园去散步。一天，正当春末夏初的四月初八，一个风和日丽，鸟语花香的好晨朝，她悠游于蓝毗尼园，看到一株清荫的无忧树，枝叶繁茂，便想举手攀折，不意释迦就从她的右胁自然诞生下来，并有种种殊胜瑞相，举国欢庆，这便是有名的佛诞故事。传说释迦生后七日，佛母摩耶夫人不幸辞世，由其姨母摩诃波阇波提（MahāprKjapati，中译为“大爱道”）夫人抚养长大，他受到姨母的爱护，如母无异。

历史记载，关于命世人物，如宗教教主或开国帝王的降生事迹，大都剿袭附会，不是说赤电绕枢，就是说红光满室，如此类例，无非表明其生有自来，皆在于以神格的装点，或偶像的塑造，颇可耐人寻味。前引释迦佛诞生的故事，诚属不可思议，使人无法相信。可是在这段事迹里，也有几点，值得注意：一、净饭王晚年得子，其心期于子嗣的绵延和王业的传承，殷切之情，自不待言。释迦出身贵胄，环境优裕，而长大成人后，却毅然舍弃王位，出家修道。这是何等的气魄？何等的胸襟？二、母亲胁下生子，确是匪夷所思，但根据其生后七日，母命告终的传说，可以想见其为破腹而生，或系特别生产，殆无可疑。三、姨母摩诃波阇波提夫人，抚育释迦长大，也是净饭王的另一贤妃，后来也从释迦佛出家学道为比丘尼。由此可见她也真是一位慈辉永耀的伟大女性和上善知识的护法尊者，想来也非偶然，值得我们崇敬。

生有自来的神异传说

就佛教言，依据佛经典籍，我们知道关于所谓佛的世界，并非仅在这个世界，与这个时期，及现有的时空中，是由释迎牟尼佛所手创者。据说，我们所依存的这个世界，由成住到坏灭，历劫无数。其小焉者，譬如地球上已有若干次冰河时期或洪水时期，真是沧桑多变，但佛法的存在，却绵延不绝。我们现在正在“贤圣劫”中，所谓“贤圣劫”，是指此一宇宙万亿年的时计里，会有很多的圣贤，陆续诞生，由于修习大乘佛教的菩萨道，已证十地菩萨果位，此生命终，即上生于天众中的“兜率天”或“兜率内院”，名为一生补处菩萨，待此世界中另一劫数到来，人类历史变更，世上佛法衰息。然后，这一生补处菩萨，便又重经人道而降生而出家乃至成佛。于是佛教大兴，佛法因以住世，现在的一生补处菩萨——弥勒，也就是未来世界的候补佛。一说释迦牟尼，住在他方世界，由来成佛已久，这次降生递补为我们“娑婆世界”“贤圣劫”的第八佛（或说第四佛），在此以前，我们世上过去已经有七佛住世了。至于释迦的宿世善行和万德因缘，在各种经典中的记载，多至五六百件。总之，都是一些无上功德的妙胜事迹，不必一一细说。但综合他在世的一生中，通名释迦佛的示现八相，也就是说明他一代的事迹，可以分为八个阶段：

八相内义

一、降兜率：先住于兜率天，见时机已熟便下降人间。

二、托胎：乘六牙白象，降神母胎。

三、出生：四月八日，于蓝毗尼园，由摩耶夫人右胁出生。

四、出家：年十九岁，观世无常，出王宫，入山学道。

五、降魔：经六年苦行，在菩提树下降伏魔军。

六、成道：十二月八日，明星出时，豁然悟道。

七、转法轮：成道以后，四十九年间说法度生。

八、入涅槃：世寿八十，在娑罗双树下，入于涅槃。

此外，为了研究佛教教义，和研究释迦史传所最宜注意的，便是经典所载释迦佛诞生不久时候，即能步行，并有七步偈语说道："无数劫来，这是我的最后受生。我于一切天人之中，最尊最胜。此生利益天人，普愿救度众生。"也就是佛教传入中国以来所传述的"天上天下，唯我独尊。"两句话头。由此可以启发我们必须加意研讨的，计有如下两点：一、假定仅从宗教的立场来看，释迦当时所说，只是使人觉得这是极端具有教主权威的独特表象，对它不是绝对信服，就是非常反感。二、我们推勘到底，"天上天下，唯我独尊"，这却是佛教的精义所在，因为，它说明了人生的真价，表露了人性的尊严。我们要有自发的精神，做天地间第一等人；我们要以自奋的勇力，做天地间第一等事。正是中国传统文化所谓"天人合一"的最好引申。由人至于生天成佛，为神为主，或由人而堕落沉沦，一切都决定在自我的一念善恶之间。“天上天下，唯我独尊。”此“我”并非释迦一人的“我”，也正是“舜何人也，我何人也”人我一如，人性自觉的真我。释迦教主，生而能言，幼而徇齐，长而为圣。乃至一代佛教的精神，就在他生而能言的这两句话语中，已经透露消息了，如果纯从感情观点，视同放诞，未免厚诬佛语。

允文允武的天生神童

释迦既生，他的父王便邀请了很多有名的“婆罗门”学者，为他举行命名典礼，大家认为他降生时具有种种瑞相，所以就定名为悉达多，中文译义，那便是“一切义成，具足吉祥”的意思。他的妙相庄严，特别美好。当时印度“婆罗门”中有一位最具权威的智者阿私陀仙，住在香山修道，远离爱著，常入禅定，知道释迦降生，自动前来祝贺，他对净饭王说：“我看太子具足三十二相，八十种好，如此相好之身，若是在家，年十九岁，便为转轮圣王；若是出家，可成一切种智，广济天人。但观大王太子，必当学道，得成正觉，转大法轮，利益人天，开世间眼。”净饭王晚年得子，极切盼望他能继承王位，开张国势，听说他会走上出家学道的路上去，所以极为忧闷，就加意保护，设计防范，凡是可以陶悦情志，流连光景的声色之娱和人间享受，他都打算加以运用，企使太子不致生起出家的念头，使阿私陀仙的预言不致于成为事实。

当释迦七岁时，开始接受宫廷教育。净饭王为他遍请名师，令就学问。最初延聘一位文学修养特优的婆罗门，名毗奢密多罗（Visvāmitra，中译为“选友”）授以文学。一日，释迦提出当时印度的文字，计有六十四种之多，例如：梵文、佉留文、护文、疾坚文、龙虎文、犍盎和文、阿须轮文、鹿轮文、天腹文、转数文、转眼文、观空文、摄取文等，究竟以何种为标准文字？因此使毗奢密多罗受窘异常。而且他能够找出书中的阙字，诘问于师，最后反使教者赞叹折服，因自惭而辞去。同时又为他延请释迦种族一位擅精武术的名师羼提提婆（Ksantidiva，中译为“忍天”），教其武功，以及军事教育等兵戎法式，与二十九种武艺工夫。所以他在十四五岁之间，便能驯服大象，只手举象掷出城外，立即还以手接置地，大象任其摆布，不会损伤。挽弓射箭，可以直穿百里之鼓，力透射击鹄的七重铁猪。

他由七岁从学，经过七年之间，凡属天文、地理、典籍、议论、祭祀、占察、声论、书数、乐舞、文章、图画，乃至一切技艺、方术，无不娴习通晓。

总之，他以王位的继承者，既然有了良好的宫廷教育，加上他的天生智慧和资质，在十五岁时，已经完成文事、武功所有的学问了。因此净饭王，便择定当年的二月初八，为他举行灌顶授职大典，延请邻国诸王、大臣、婆罗门众等来观礼，用四海水为他灌顶授印，立为储君。

悲天悯人的至性至情

释迦以天纵睿智，出生在帝王宫廷，对世间一般的学问知识，无所不通，自然具有超人的智慧。也正因为他具有超人的智慧，他自有生以来，对宇宙生命的探究，和世事人生的怀疑，始终无法使他安于现实。加以当时印度诸侯邦国之间的互相侵凌，种姓阶级的苦乐悬殊，无一不使他触目惊心，因此他对这个世间的芸芸众生，时常抱有一种不可把捉的无常之痛，他以大悲的慈心寻求彻底解决人世间的痛苦和烦恼，要使人性得到升华，人生得到解脱。所以他便经常陷入沉思定默之中。一天，他外出郊游，息歇于大树之下，看到田野里耕种的农人，烈日炙背，挥汗苦作。耕牛力挽重犁，被驱使鞭打着，备受虐待，结果弄到人牛皆困，饥渴交迫。又见犁田翻土，地下虫豸，无法藏身，群蚁纷纷爬起，似已感知大祸将临，寻觅它们生命的安全所在，结果飞鸟翔集，资为口粮，看来无一幸免。这种弱肉强食，众苦熬煎，残酷无情的世间相，使他发生更大的惶惑和更深的痛苦。人生为了什么？为什么有了这个悲惨世间的存在？宇宙生命的意义究竟何在？因此，他在树下坐定，心生厌离，想到世出世间等问题，又陷入沉思的禅默中，历时很久。

他的少年生活，并不因为安富尊荣而欢娱快乐，却经常为了寻求解脱人世间的烦恼和痛苦，在禅思寂默中过日子。这使净饭王记起阿私陀仙的预言，怕他要出家学道而黯然流泪。所以在他十七岁那年，便同时为他娶纳第一美人耶输陀罗（Yasodhara）和瞿毗耶（Gopka）两位做妃子。而且还为他建三时之殿（中印度无寒冬，年分三季，所以只建三时之殿）。使他在春夏秋的季节里，各有极其舒服的适宜住处。但是他对美丽的妃嫔和豪华的享受，并不感觉兴趣，毫无贪着留恋。据佛典的记载，他和二妃原来没有夫妇之道的行为，所以使宫人都怀疑他是一个虚有其表的大丈夫。他也了解他们的怀疑，在某天熟睡中，特别显示他的丈夫相，使她们相信他非不能也，实不为也的伟大特异之处。

释迦为了解决整个人生问题及寻求宇宙间的究竟真理，一心要想出家学道，这使他的父王和家族更加担忧，因此便下令限制他外出宫门，以免引起他更大的悲世思想。而且特别挑选了一名学问渊博，能言善辩的“婆罗门”子，名优陀夷（Udayin），终日侍从陪伴，作为他的朋友，希望能够劝导影响，挽回他的心意，对现实世间和现实人生，增加情趣，但又终于失败了。他曾经请求过父王，放他一度外出郊游，他又体会到了人生的无常，谁也免不了“生”“老”“病”“死”的侵夺！谁也逃不出“生”“老”“病”“死”的牢笼！这种人生的无常，究竟有无主宰？究竟有无真我。倘使绝无主宰，那生命的意义，基本上是没有价值和目的的，这就等于唯物论的观点，在后来佛学中，名为“断见”，是绝对错误的。倘使有主并有真我的存在，它又是个什么形态？如果说它是超越于人和万物而且能够加以控制把握的，这也是人们自己心理的臆测或观念的形成；何况，它既能有控制把握的主宰权力，何必又使这个世界和人生，造成如此悲惨的现象呢？这在后来佛学上，就名为“常见”。实际上离心以外，观察世间和超世间，一切都是诸法无常，没有永恒存在的。

于是他出家求道的意念，愈来愈加迫切了。他正式向他父王提出这个要求，他父王认为他和妃子耶输陀罗有了身孕，生出孩子，不使其国断嗣，再谈此事。据佛典的记载，他就用左手指在耶输陀罗的腹上，立刻使她感觉已经怀孕。

这和释迦生而能行七步，又能开口说话，同样神奇异常，同样使人难以置信。不过释迦因为父王忧心缺乏子嗣，而为父王生子出家，这是善尽孝道，也不违背情理。况且正因为他尽了人子之责，然后一心以行超越人天之道，更足以见其崇高伟大和稀有妙胜的特点。那么神异之辩，只是多余的事，我们可以存而不论了。

第二节 出家与悟道

逃世入山求道的太子
遍学各派道法
雪山林下苦行
豁然顿悟而成佛道

逃世入山求道的太子

释迦出家的年代，已无信史可征，我们只好说他十九岁那年二月初八日，他自忖因缘成熟，便乘他的妃嫔、警卫等人在夜深熟睡时，起身唤起侍仆车匿，备乘骏马犍陟，告诉他就要一同出城，去饮甘露泉水。车匿已经知道他的本意所在，一时劝阻不住，只好拼命拉住马尾，释迦也只好不开宫门，奋勇跃马，连带车匿，飞越北城而去。这一幕的展现，也正是释迦一生发挥大雄大勇大慈悲的开始，拿它和带甲百万，战无不胜，投鞭断流，叱咤风云的英雄们来相比较，无疑的，这跃马出城出家修道的一举，以视前者的胸襟气概，自有天渊之别。英雄事业，可以征服天下，绝难征服自己。唯释迦则不然，他以大无畏的精神征服自己，摧心贼于无相，弃天下如敝屣，所以能够转凡成圣，足为人天师表了。

他们一出北城，便向东驰行，犍陟快足如飞，到了跋伽仙人（Bhārgaua）的苦行林中，这时黑夜已过，光明就在眼前，他决定要入山问道了，便命车匿还宫。并脱髻中明珠，以奉父王；身上璎珞，以奉姨母；其余庄严服具，给予耶输陀罗。一切交待清楚，他又自行拔剑，薙除须发，改装袈裟，以示决心前行修道。同时自誓说：“我若不了生死，终不回宫。我若不成佛道，终不回见父王。我若不尽恩爱之情，终不回见姨母和二妃。”当时弄得车匿惶恐悲泣，以致闷绝昏倒，到醒来时，只好回城报命，太子出家，它带来了满城的悲哀，也带给了举国的嗟叹！

遍学各派道法

从此，他以云游之身，到处参学。他曾经见过跋伽仙人的修行场所，看到许多离尘绝俗苦行修道的人，有的穿草衣，有的着树皮。他们都吃些花果充饥，或日食一顿，或二日一食，或三日一餐，企苦行成道。他们崇奉庶物，或拜水或拜火，或敬祠日月，或卧尘污土中，或睡荆棘丛上，或长年居于水火之侧，备受蒸炙之苦。类似这些印度文化传统中的宗教生活和修道方式，无论“婆罗门”，“瑜珈术”，乃至印度教等，在释迦出家的前后，显然普遍地盛行着，直到如今，还是流传不衰。释迦当时看到这些情形，他与跋伽仙人曾经交换意见，作过严谨的讨论，他问他们那些形形色色的苦行者，究竟目的何在？跋伽仙人的答复，认为刻苦自身，可以赢得升天的福报。释迦却认为苦乐对立，罪福相乘，仍然还在轮回往复的樊篱中，并不能解脱生死，苦行诚然可以洁清心志，离绝牵累，但是未必就能真正了生脱死，成无上道。因此他留此一宿，便立即辞去。

后来他又去学习当时印度著名的禅定工夫，修习无想定达三年之久。所谓无想定的禅定工夫，是以泯灭思想为最高方法。三年中他实际做到了无思无虑，但最后认为这也不是真道，便舍弃而去。因为这种境界，也是自心造成的，至于此心主宰的根本为何，毕竟仍无所知。

因此他又到阿罗逻仙人（Aratakalama）处，学习非想非非想定。所谓非想，乃非一般普通心理活动的思维妄想。所谓非非想，就是做到虽无普通的妄想思维，但还能了然于一切。许多人认为禅定工夫，到此地步，已属高不可攀，其实，正是落在微细烦恼的见思惑中。当时经过三年，他提出了问题，认为：非想非非想定处，是有我耶？是无我耶？若说无我，不应说非想非非想；若言有我，便非解脱。因为众生正因为有我，方生诸苦。非想非非想定中，虽然可以使粗的妄想烦恼暂停，但微细的烦恼，依旧存在。若不能舍除我相与我想，何以能达真正解脱？所以他又舍此而去。

雪山林下苦行

释迦入山修行，在六年的时光中，他已遍访著名道者；但无真正明师，所以毫无收获。然于当时各种修道方法，无论如何难行苦行，他都已经一一修习做到，而且极为精通。在这期间，他的父王曾经打听到他的行踪，派遣王师大臣前来劝说，见他仍然不为所动，只好密留大臣等人的公子憍陈如等五人，追侍太子修行，密加保护，这就是后来释迦弟子中著名的先期五大弟子，其中以憍陈如为首座。同时他因历访诸师，始终不得究竟解脱之道，便暂行栖止在槃荼婆山中，常入王舍城（Rajagriha）乞食度日。但城主频婆娑罗王很快地就知道了他的行踪，亲来劝请还俗，甚至愿以王位相让，可是他也婉辞谢绝了。频婆娑罗王最后只好与他约定："若成道时，愿先见度。"后来释迦成道，所以常常住在王舍城中，弘宣他的佛教了。

此后，他又到达尼连禅河（Noiranjana）附近，迦耶山

(Gayasirsa 即象头山）的南端，邻近雪山，即优娄频螺(Mruvela）聚落的苦行林中，静坐思维，修习苦行，或日食一麻，或日食一米，或复二日食一麻米，乃至七日食一麻米。由于他趺坐苦修，不起经行散步，目不瞬睛，心无恐怖，变得形销骨立，须发卷乱犹如蓬蒿，被喜鹊错认作草丛，就此在他头上做起窠来。地上芦苇，盘绕过膝。此时释迦，非常孱弱，俨然如衰朽垂死的人。他以六年的时间，修此种难行的苦行，后来忽然想到这和一般认为苦行修身就是真道的作风，又有什么差别？所以他又舍此而去，独自南行。

豁然顿悟而成佛道

在过去的六年里，释迦苦其心志的禅静思维，毫无疑问的因为缺乏营养，而弄得衰弱不堪。但其金刚的信念和坚定的精神，就是净饭王所派出追寻他的王师大臣，也都深受感动，无不肃然起敬，所以随来的憍陈如等五人，都愿留在那里，伴随太子学道，就在附近觅地专修。那时释迦正当盛年，大约三十至三十一岁之间。自从他觉得这种修行，并非正道，便独自离开苦行林中，接受牧女难陀波罗的乳糜供养，恢复到少壮的体力。憍陈如等五人见到这种情形，便认为他受不了苦行的考验，以致道心退堕，为之非常失望，就离他而去，到达波罗奈国（Varanasi）的鹿野苑（Mrgadava）自修苦行去了。

释迦既已恢复体力，便自入尼连禅河沐浴，一洗过去劳形苦志的积垢，身心异常愉快，独自走到距离尼连禅河十里的毕波罗树（Pippala，佛成道后，更名为菩提树）下，自敷吉祥草座，双足结跏趺坐而坐，并发誓说："我如不证菩提（菩提，中译"自性正觉"之义）不起此座。"由于他过去曾遍学各种禅定，功力已深，这一坐经过了四十八日之久，便深入到禅思的妙境。当十二月七日的夜间，他在禅思座中，受到种种魔境的显现和干扰，如声色货利，如生死恐怖，他都不为所感，所谓魔军，魔女等等，结果都被他的定力所降伏。就在这一夜中，他逐步证得了神境智证通（神足通）、天眼智证通（天眼通）、天耳智证通（天耳通）、他心智证通（他心通）、宿住随念智证通（宿命通）、漏尽智证通（漏尽通）等六种神通境界，身心自放大光明境。到了初八日的晨朝，忽然看到明星出现（应是太阳初出，因印度对天文习俗的惯语，通常称太阳为明星），就此廓然大悟，证得"阿耨多罗三藐三菩提"（中译无上正等正觉），因此爽然叹道："异哉！一切众生，皆具如来智慧德相，只因妄想执著，不能证得。"（按：释迦初悟道时这一段说法，各种佛经译语都稍有出入，现在依照历代禅宗相传意译为准，采用以上的话，比较明白易晓。）

我们回溯此一大事因缘：释迦自十九岁出家学道，经过十二年来的普遍参学，备历艰辛。到了三十一岁左右，始证得各种神通境界，洞见人类身心潜能的无比妙用，和生命的根本。同时睹明星而悟道，了彻宇宙人生的真谛，爽然太息，原来如此。当下他就想进入涅槃（寂灭圆明），懒得说法了。因此震动天人，纷纷请求他留形住世，广化众生，他曾经对天人们说过："止止，我法妙难思。"也正因为他有此一说，使我们可以了解佛法的奥义所在，究竟是怎么一回事，所谓“不可思议”。通常一般人，便认为佛法是学不到，摸不着，看不见的。哪知“不可思议”正如“我法妙难思”这句话一样，只是一个方法论。因为任何宗教或哲学，一般的习惯，都是用思想去推测，或凭情感去信奉它，讨论它。思想推测就是思，情感信奉或讨论就是议。如果但从思想或情感议论来求证宇宙人生的真谛，那无异是背道而驰，真有妙难思之感了。妙难思和“不可思议”这一句话，正是指出一般人们在方法上的错误，并非说是“不能思议”！只要我们拿身心去实证，不用思议去推测，就可到达我们自性本来俱备的正觉佛境了。

第三节 教化创建的情形

开始教化及其基本弟子

说法的情况与说法的时地

佛经的结集与部派的分化

开始教化及其基本弟子

悟道后的释迦牟尼佛，因为接受人天的殷勤劝请，决心宣教济世，他首先到达自古相传的圣地鹿野苑，为昔年追随雪山林下、专修苦行的憍陈如等五人，开始宣说苦、集、灭、道的四谛圣法。五人先后都得悟解，便在佛的教法中出家修道，名为比丘（中译相当乞士，上乞法于佛，下乞食于众生），这就是释迦佛行教的开始，佛语名为初转法轮，也就是佛教所谓有“佛宝”、“法宝”、“僧宝”等三宝的开始。同时婆罗奈斯城的长者子耶舍，又名宝称，因感觉人生的苦痛，生起正法的信念，闻风来到鹿野苑依佛出家，并且带来他的朋辈，五十位长者的子弟，也皈依了释迦佛。同时耶舍的父母妻子，跟着也都依信而为在家修行的优婆塞、优婆夷。释迦佛第一次住在鹿野苑的三个月中，已收得虔信弟子五十六人，从此分遣他们到四方游行教化，他自己却单独来到尼连禅河边摩竭陀国的王舍城中，施展神通，教化专门拜火的外道。这时“婆罗门”正统的三主教，优楼频螺迦叶、那提迦叶和伽耶迦叶等兄弟三人，竟率领着他们门下的弟子一千人，都诚心地皈依了释迦佛。其次又摄服了婆罗门众中以聪明智慧著称的学者舍利弗和目犍连，两人又各率领门下弟子一百人，一齐皈依佛教。于是释迦佛，便以三十多岁的年龄，开始就拥有基本的出家众弟子一千二百五十人，他们到处追随游方教化，听闻佛的说法，是佛的常随众等。后世结集的佛经中，每每提到“比丘千二百五十人俱”，就是指这般资历老到、根器深厚的贤弟子。后来又有一位聪明才智、威德出众的摩诃迦叶（即大迦叶），也来皈依，便是后世相传承受佛教禅宗的初祖。其实当时的舍利弗与三迦叶弟兄，年龄比释迦佛还要老大得多，当他开始外出行教，许多不知道的人，起初都认为这位年轻的释迦，还是他们群众中的弟子呢。在当时印度的教派中，释迦佛一出山，便拥有基本弟子一千余众，这种声势的影响，可说相当惊人了。

后来四十多年的说法行教，所有皈依他的出家在家的弟子，不分种族贵贱男女老幼都有，在名义和事实的区分上，便形成了佛的四众弟子。出家的男子，名为比丘；出家的女子，名为比丘尼。在家的男子，名为优婆塞；在家的女子，名为优婆夷（中名通称男居士、女居士）。再以后的出家众或在家众，无论男女老幼，凡有心存佛境，身在尘世，具足离尘拔俗特立独行的佛家思想和行持，乃至永远无尽，不受时空限制，宏愿广度众生者，一律称为“大乘菩萨”。“菩萨”就是梵语“菩提萨埵”的简称，具有自觉觉人、自利利他的殊胜妙义。

当时佛弟子的比丘众中，又有十大弟子，各以独有的专长而见称。举如：舍利弗，智慧第一；目犍连，神通第一；大迦叶，头陀（苦行）第一；阿那律，天眼第一；须菩提，解空第一；富楼那，说法第一；迦旃延，论议第一；优波离，持戒第一；罗睺罗（佛的独子），密行第一；阿难（佛的堂弟），多闻（博闻强记）第一。这就是佛嫡传成就殊胜的十大杰出弟子。

说法的情况与说法的时地

释迦佛率领了一群新兴学派的弟子们，渐次游行教化到了王舍城，因昔年初弃尊位，入山修道的时候，曾与频婆娑罗王有约，成道以后，当先来度化，所以就如约前来，安住在频婆娑罗王为他特建的“竹林精舍”，上自国王，下至庶民，无不钦诚归仰。这就是佛教在印度初有寺院的开始。不久，因舍卫国波斯匿王治下，有一名门巨室的富翁须达长者，乐善好施，信奉释迦佛教，用金叶铺地来论价，为他购买了憍萨罗王太子所特有的“祇陀园林”，于是感动了王太子的同意合作，和举国上下一致的信仰，乃在舍卫城中特意为佛建立一座“祇园精舍”，又叫做“给孤独园”。这是因为须达长者乐善好施，以救济孤独贫苦的善行而得名。当时这座精舍的建筑，内有十二浮图（佛塔），七十二间讲堂，三千六百间房舍，五百间楼阁。供养容纳佛教的僧俗弟子们，这可说是释迦佛教在印度最早的一座学院。从此以后，释迦佛便常常往来居住在摩竭陀国王舍城的“竹林精舍”，或舍卫国给孤独长者的“祇园精舍”，成为经常宣扬教化的两处道场。

摩竭陀国，在当时的印度，是一政治安定、经济繁荣的安乐国土，所以他们的生活，也过得非常舒服，据称是一饮食作乐，倡伎常欢不废，夙夜游戏的国家。自从释迦佛常住此行教后，王舍城中昼夜寂静，诵声济济，舍世俗乐，斋戒读经，不舍三宝，唯佛是尊。同时舍卫国的风气，也因钦奉佛教，孜孜为善，从此邻国相望，教化大行。由此可见释迦佛教净化人间国土的教育力量，其影响之巨和收效之广，可谓盛极一时，释迦现身说法，十余年中，竟有如此成就，足以令人向往！

释迦佛自成道以至开始传布佛教期间，因为他父王的想念，曾传命要他回国。他就先遣弟子一人，回国显现神通，然后亲自回来，为他父亲净饭王说法，使他心得解证。同时又感化了对他有养育之恩的姨母摩诃波阇波提和他的妻子耶输陀罗，使得他们后来也都从佛出家。同时又感化了从兄弟阿难陀、提婆达多、阿睺楼陀和他自己的儿子罗睺罗，以及首陀（印度阶级观念中的贱民氏族）种姓的优婆离等，都相继归佛出家。他在本国的时候，仍然依照佛制，自行外出，平等乞食。这件事使他的父王深感不安，结果他说服了他的父王，还是依照出家人平等的规矩，实行乞食。后来大约在他开始传教的五六年间，他的父王因老衰而病重垂危，很想见他一面，他又率领了阿难陀和罗睺罗等回国，亲行“饬终大典”，于父王临终时，随侍在侧，以手抚心，使其平安逝去。同时并依礼与堂弟难陀，从弟阿难及儿子罗睺罗等，分秩肃立在父王遗体的头足两旁，恭谨护灵。父王梓宫出殡，他也亲为抬举，以表哀念。最后，奉父王梓宫到王舍城的灵鹫山，在他自己安居清修教化之地，火化起塔，一切遵礼如仪，以教示为人子者，应该善尽养生送死之道。这是何等至情至理的表露。

此后，从成道到涅槃，这四五十年间，经常在摩竭陀、舍卫国，做南北两处的行教中心，并且随时游化于恒河沿岸的中印度各国，不拣僧俗贤愚，不分贵贱贫富，无论男女老幼，一律随机说教，凡是接触过他伟大圆满的人格、听闻过他高深微妙的教理者，无一不被感化。后来皈依他的弟子，究竟到达多少人数，确实无法统计。他以数十年来的教化，弟子众中人数增多，智贤愚不肖兼收并蓄，这样一个精神领导团体教育的生活中，个人与团体，外界与内部，以及团众之间的种种关系，不免发生许多事故。因此随时间的推展，和经验的教训，除了基本道德的人格教条：杀、盗、淫、妄以外，渐渐立定许多规矩，以后便成为佛教的戒律了。

释迦佛行年八十左右，也正是他成道后第四十八九年间的一个夏天，便在吠舍离城附近的波梨婆村（竹芳村 Beluvana）渡过雨季，他曾宣示不久当入涅槃。因此就向北在拘尸那揭罗城（Kuśinagaya）作最后的游行。不久，又在本生处娑罗园的双树下，为老婆罗门须跋陀罗说法既竟，并收他作最后的弟子后，就示疾不起，以右胁卧而入涅槃。这时约当公元前四百八十年至四百九十年之间二月十五日的夜半。弟子中的摩诃迦叶，最后由灵鹫山赶到，主持丧礼，佛在金棺中故示神通，垂足以慰其心，便湛然入寂。临入涅槃时，因弟子们请问后事，他便谆谆告诫。以后以戒为师，所以后来佛教对于戒律，与他所说的经教，都同等重视，一直奉行不迭。

佛经的结集与部派的分化

释迦佛既入涅槃，佛弟子们觉得导师已去，茫然无所依怙，大家商量，当前最重要的事业，就是结集佛的说法，汇为经典。所谓“结集”，便有记诵和编纂的意思。于是由十大弟子中的大迦叶领导，遴选出亲受佛说教义，确已证得佛法中道果的人，诵出多年来佛住世时所闻遗教，而以载之文字，立为经典。当时由已证阿罗汉（杀贼，已灭除烦恼心贼的意思）果位者共五百人，便集中在王舍城外的七叶岩窟，从佛示寂灭后第一个雨季的二月二日，就是六月十七日，开始结集。当时大迦叶被推举为众中上座（犹之现在会所主席团的首座），先行结集毗尼（内涵戒律和调伏身心烦恼的意思），由大迦叶提出戒律的各条目，质询佛弟子中持戒第一的优波离，由他答问，依次诵出戒律的制时（制作时间）、制处（制作地点）、因缘（为什么原因而制定这条戒律）、对机（由何人何事而开始定律）、制规（确定应守的规戒）、犯戒（怎样才叫做犯戒）等等。其次宣读记载的戒律，由五百比丘大会合诵通过，永远定为佛制，才算完成了结集毗尼的工作。跟着由佛弟阿难诵出达磨（中译法藏、经藏）之后，也由大迦叶提出质询，阿难答出说时（说法的时间）、说处（说法的地点）、因缘（是何原因）、对机（对何人何事而说）、说法（说的什么法）、领解（听众当时的领悟程度），再由大众合诵通过，确认是佛所说的法，并无错误，才算完成了经教的结集。这是佛涅槃后第一次的结集，所以也叫“第一结集”，又叫做“王舍城结集”。可是这次参加结集的人选条件，是以已经证得圣果的五百罗汉为标准，又因不曾参加这次结集的弟子们，约有数百至千人左右，他们就自开局面，以五比丘之一的婆师波为上首，在距离五百结集并不太远的西面，另作佛经的结集，后来就叫它为“大众结集”，又称“界外结集”或“大乘结集”。同时有说当时结集的佛法，就有经、律、论等三藏，乃至又有加上杂集、梵咒，共为五藏的说法。

总之，释迦佛一生说法，但以身教言教为止，虽然他也是擅长语文而最会演说的高手，但他从来没有动手写作，留下片楮只字。他不想以藏之名山的事业而留得后世的盛名，这是一个事实。这个事实给予后人的启示很大，而且富于哲学教育的真精神。另一方面，我们也可以看到，凡是世人所崇奉的教主和圣哲，大多不亲著述。在中国，古代的老子虽曾著作《道德经》五千言，但是究有多少出自他的手笔，那就很难定论，可是他何尝不会感到璞散为文，是引以为憾的呢！孔子至圣，删诗书、订礼乐，但他也曾自我表白，说是“述而不作，信而好古”，这不是很好的例证吗？释迦佛的说法，后来成为经典，那又归功一般具有高深修养，长于道德文学的佛弟子，他们全心集结，凡所亲闻，胥归载笔，加以文字富丽，义理精湛，对佛教的弘扬，乃因此而开展，这可以说，“他本无心为教主，谁知教主迫人来！”而师门谊重，尤足钦羡，我们只有低首膜拜了。

以上佛藏，“王舍城结集”以后，约经百年，又因东方僧伽（佛教僧团）所行十条规则，有人认为非法非律，乃由西方僧伽长老耶舍比丘领导，在吠舍离，重新结集一次，老少会众约有万人之数，会期八月之久，会中并将正统派的达磨（经藏）和毗尼（戒律）部重新诵读，以其人众，后世就叫他们“大众部”，称他们的学说作“轨范师说”（含有师资学者的意思）。但正统派的比丘众，多数为长老耆宿，互不相下，这是当时印度佛法分派的先河。后世对于东方正统的大众们，就称谓“上座部”，内含有德者的意思。

此后又百余年，阿育王大护法当政，笃信佛教，即位十八年后，遴选学德兼备的圣僧一千人，以帝须为上座，在华氏城，又有一次佛经的集结。这是南传佛教记载，但其经本无存。

后来迦腻色迦王朝，又选拔圣众五百人，假座迦湿弥罗的环林寺，再行结集一次，以世友为上首，所集佛典，先造优婆提舍十万颂，注释经藏。次造毗奈耶毗婆沙十万颂，注释律藏。后造阿毗达磨毗婆沙十万颂，注释论藏。前后经过十二年的时间，这才功德圆满，结集完毕。中国《大藏经》中，尚保留有前述经典译本的《阿毗达磨大毗婆沙论》。

又据西藏佛教的传述，在迦腻色迦王时代，于阇烂达罗寺，召集五百罗汉、五百菩萨、五百学匠，重令结集三藏。因百年以来，佛学分派的十八部之间，各有所持的主见，其中六十三年来，诤议尤烈，由于此次的结集把十八部异执都承认为真正佛教，并且辑录了从来没有记述的三藏经典，已经记录的，又重加校订。

自佛弟子结集佛教经典，经、律、论等三藏，成为佛教学说的法库总汇以外，在三藏经典中，其实也已大部分包罗收藏了印度教哲学，和一般学术上的思想体系。我们如果认定《大藏经》为纯佛法或佛学的，那就未免太过拘囿或小见了。不管佛经三藏的结集，在佛教史上有如何的诤议，我们至少可以确信自佛灭度一百年后开始，直到四百年之间，佛的遗教弟子，因所执持的学说，及师承或见解的异同，渐已分化而有派别，初由大众、上座两部，经过三、四百年来的演变，就形成了当时印度佛教的部派，归纳起来约有十八至三十余部之多，其学派名称有如下列：

- 大众部
  - 一
    - 一说部
    - 说出世部
    - 鸡胤部
  - 二　多闻部
  - 三　说假部
  - 四
    - 制多山部
    - 西山部
    - 北山部
- 上座部
  - 一　雪山部
  - 说一切有部
    - 二　犊子部——三
      - 法上部
      - 贤胄部
      - 正量部
      - 密林山部
    - 四　化地部——五　法藏部
    - 六　饮光部
    - 七　经量部

《大藏经》中有《异部宗轮论》，较有详说。但此二十部派的佛学，相传皆指为小乘佛教的范围。玄奘大师尝予归纳，判定以为六宗。以后或多或少，代有损益，我们无可否认中国佛教的分宗，无论直接间接，难免也要受到印度各部派学说的影响，那是必然的事。此外，佛教学说，又有大乘、小乘、显教、密教之别。主小乘者，认大乘为非佛说。主大乘者，认小乘亦同外道。南传佛法，力护小乘，北传佛教，大、小并重，但以大乘为主。尚显教者，认密教为魔说。重密教者，谓显教不究竟。余如性宗主般若，相宗主法相，学派不同，传承各异，以致纠缠不清，诤端时起。譬如太阳黑子，虽有周期的活动，无损本来的光明，但是终归有美中不足的遗憾。

佛教兴于印度，但是到了公元第八世纪的中叶，中印度的佛教，业已式微。唯南、北印度，尚有传承。此时东土佛教所盛行于中国者，则又根基稳固，其全部佛经的迻译十九已成中文了。印度佛教既衰，固亦予其原有的“婆罗门教”以复兴的新机；其他异说，又似复萌。公元十二世纪，因伊斯兰教的入侵，佛教寺院多被摧残，教徒又多退避，去到南印及西藏等地。于是印度本土，佛教完全绝迹，仅有史迹的残留，聊供后人的凭吊。至现有的印度佛教，则又为十八九世纪以后，向所输出于他国的佛教文化，倒流极少部分还于本土，自然已非昔日的真面目，而且神佛不分，夹杂许多邪说。二十世纪中叶，第一次世界大战后，已有中国僧人前往印度，专为建立佛教寺院的，这就可见一斑了。唯现世史中独立前的印度，其国运的遭遇，为帝国的侵略，殊与佛教无关，特为附带提出，以资辩证。有人推到佛身上，那是历史知识的错误，非常可笑。

结论

世人以言宗教哲学或宗教历史者，如所周知，佛教是释迦牟尼所创立，从宗教的立场来说，他当然是教主。从哲学或学术的观点来说，有许多人认为他是一位救世主义者、大哲学家、大教育家，并不只是狭义宗教的教主。而且一般观点，认为佛教是无神论者，或泛神论者，各种异说，矛盾得相当有趣，在此不须讨论。依据佛学本身的立场，梵文所称的佛，全称应该是佛陀，中文意译觉者，它具有自觉（得大智慧解脱的自利之道）、觉他（觉世牖民的利他内涵）、觉行圆满（自度度人福德两皆圆成）的诸义蕴，所以不能单用意译，简称觉者，为了涵摄全义，故用音译统称为佛。在佛教经典上，他有世尊、如来、天人师、一切智、佛等等，通常十个或更多的别号，但除世尊一名外，大部分的称谓，都充满了慈悲救世和师道尊严的格调，的确少有唯我独为万物主的观念。以上简介，大致已将印度文化的背景和释迦佛住世的史迹，有所交待。兹就其时代环境、人格思想及修道弘化等公案，试作客观的研判，并为如下的结论：

一、纵观人类历史，凡是具备大仁大勇聪明智慧的人物，他们所抉择的人生道路不外两条，那就是不为英雄，必为圣贤。即生完成赫赫事功，名扬千古的便是英雄。英雄事业，充其量做到一个拨乱世反之正，登生民于衽席，可予人类社会一个短暂时期的安定或升平，因而为王称帝，俨然一世之雄。但历史的兴亡，朝代的更迭，所谓帝王事业往往遗患无穷，因为权势移转，看似热闹的序幕，实系反为悲哀的下场，到头误人误己，毕竟无一是处。反之，圣贤事业，也许寂寞一生，却能永远赋予人们以身心的安泰。而且整个人类问题，种种纷纭复杂，如果仅从政治权力以求底定治平，那只是世俗的观点和天真的想法，因为人心的臧否，关涉政治的兴衰，一治一乱，循环往复，似是历史的定则，永无究竟的答案。何况除了“民吾同胞”，还有“物吾与也”的宇宙众生，其问题的存在，也应一概解决。所以从哲学的立场看，我们必须荷担如来的家业，要寻求真理的归趋，以求彻底解决整个人生社会的问题，并了解宇宙生命的真谛，这才是弘济万世，普被众生的基本事业。

释迦当时的印度，由于文化思想的紊乱，政治社会的不安，以及战争的扰攘，人世的悲哀，在在处处，无不触目惊心。他以天纵的睿智和英雄的雄姿，大可继承王业，开张国运，成为一代雄主。但他看清了人性的症结所在，要求对治解救，不在事功的凭恃，而在德业的化被，所以毅然薄王业而不为，离尘出众，任道求真，成为众生的教主，具足人生的光辉。他以舍弃小我，成全大我的救世精神，现身说法。大声疾呼着“众生平等，佛我一如”，极力破除印度人顽固的阶级制度，和人类唯我自私的观念，这是何等的怀抱？何等的气度？可是他毕生的行教说法，但求众生自性自度，并非“好为人师”，企以教主自尊。与其不取，人皆予之，他寂灭后，佛弟子众，竟也尊之为导师，奉之为教主，这与他无我的初衷实在不相干，也是实至名归。虽然圣人无常心，以百姓之心为心，因为他只有施予，无所忮求，所以千秋万代之后，决无时间空间的限制，凡日月光临的地方，永远有他慧命的子孙，为之顶礼膜拜以至无穷。从他个人出身的环境来说，在英雄与圣人的分界线上，他永远是先知先觉的前驱者！

二、以师道自任，启示众生皆具佛性。从宗教的立场来说，在经典记载中的教主释迦牟尼，如何累劫修持！如何万德庄严，以致受生成佛！种种神奇，历历如在，诚有不可思议者。若以现在世纪或未来世纪的眼光来看，除非把他永远范围在宗教门墙以内，供人崇拜，否则，反而堵塞人们进入佛门的通道，难免种种隔碍。我们研究佛的生平，便知他也是人，不是神。他由人至于超人而成佛，也从人位许多前因后果的教养完成，并非生知之圣，不待学而后能。而且他的断爱出家，弃王位以求道，也是经过娶妻生子的人生历程，他对父母，也力行人子应尽的孝道，甚至，他也说过，孝顺父母，等于供养诸佛而无异。在中国的佛教，更着重“报四恩”，即所谓报父母恩、国恩、众生恩（社会恩）、佛（师）恩的说法。他以师道自任，揭示由人性的升华而至于超凡入圣的成佛作祖，要从人本位做起，如果人位的品格不备，希望一入佛门，便可得道证果，永为天人师表，那是非愚则妄，决非佛教本分。他揭示一切众生，皆具佛性，迷则为凡，悟则成圣，圣由自悟，不从他得，故必以彻悟的觉性，求证本际的真如，然后可与宇宙心物的生命根源，同具寂静，到此可了生死，可齐物我，这便是无上妙胜的如来佛境。

第三章

中国佛教的传播

第一节 佛教初期传播的情形

释迦佛与阿育王前后的佛教

佛教传入中国的初期——汉末、三国时期

魏晋南北朝时期的佛教

净土宗的创建

鸠摩罗什与僧肇

道生与涅槃佛性

释迦佛与阿育王前后的佛教

释迦牟尼自创建佛学的教化以来，撇开经典上纯粹宗教性的记述之外，但从事理的衡裁以求史案的解答，对于当时佛教传播的实况与其势力范围，或者佛陀影响所及，可能拥有的地区与人数，那是很难确断的。我们可以认定，大概当他住世和示寂后的一二百年间，佛教传播所及的区间范围：大约北到喜马拉雅山的南麓，如尼泊尔等地，南至频阇山脉，西到摩头罗，东到鸯伽国。大致不出中印度与东印度之间，尚未超过恒河流域以外。但是亲受佛陀教化的，大约在数万人上下，这就古代印度人口数字的比例来讲，可谓声势浩大，足够轰动一时的了。

佛教真正的弘扬开展，除了佛弟子们的努力宣化外，仍须仰仗政治力量。在佛灭度以后的二百年间，印度出了一位历史上的名王，他的英雄事迹，可与亚历山大帝相抗衡的，便是世界史上有名的阿育王，同时他又是一位最虔诚的佛教徒，即佛教术语所谓的“大护法”。有了强力的政权作后盾，随着军事势力的推广，佛教的教化自然就普及了。阿育王在位的时期，曾经在首府华氏城的鸡园寺，会集比丘一千众，以目犍连子帝须为上首，重新结集过佛教经典，就是佛教文化史上著名的“华氏城结集”。而且相传他曾造作很多佛的舍利塔，甚至有神话般的传说，讲阿育王所造的舍利塔，后来被散布到中国，举如浙江、四川等地几处寺院丛林的大塔。至今也仍附会传说是从印度飞来的，所谓“阿育王塔”，这当然是宗教心理的情感作用所使然，就不必深加追究了。

如征引史实，在阿育王所建立第十三岩面的敕文上，便有这样的记载：“阿育王即位第九年，征羯陵加……既克羯陵加，乃笃护正法，归依正法，将弘播正法之教……”又云：“王所领住于山林之蛮族，天怜愍之，愿彼归依正法……，盖天为一切有情安乐欢喜故，此最上之胜利，即正法之胜利也。正法之胜利，既行于王之领域，又及于邻邦六百由旬之远。如耶婆那（Yavana 即希腊）王恩提约科（Antiyoko）与条兰马亚（Turamaya 即 Ptoemy）恩底开尼（Antikine 即 Antigonas）、马加（Make 即 Magas）亚历山大（Alikasadra 即 Alexander）四王所居……皆由阿育王宣说而随顺正法。”

根据这个敕文的记载，可见阿育王时代的佛法，业已盛行，传播到了印度以外的欧非各国。例如：文中所说的恩提约科，便是叙利亚王恩提科斯二世，条兰马亚，便是埃及王托勒密二世。恩底开尼，便是马其顿王安提戈诺斯二世。马加和亚历山大，便是伊庇鲁斯（Turfan）王亚历山大二世。敕文的后面又记载着曾派遣宣教师去到叙利亚、埃及、马其顿和伊庇鲁斯等国，其传播的盛况，如此可见。又根据《善见律毗尼沙》卷二的记述，当时所派遣宣教师的国家，便有罽宾犍陀罗咤（克什米尔、卑西亚瓦）、摩醯娑慢陀罗（南印度的孟索尔）、婆那婆私（拉齐布达腊）、阿波兰多迦（本齐亚布西部）、摩诃勒咤（贺壁及其南方）、臾那世界（阿富汗北部及东部）、雪山边（尼泊尔国）、金地国（缅甸沿岸）、师子国（斯里兰卡）。

阿育王以后三四百年，佛教又渐渐盛行于中国、阿富汗、斯里兰卡等地，印度本土，反而逐渐衰落。公元前第二世纪间，婆罗门武将富奢密多罗，却篡代了孔雀王朝，大灭佛教于中印度，火烧寺院，杀戮僧尼，迫害摧残，不可胜计。但北印度的佛教，仍然屹立如故。不久，中印度的佛教，又因劫余僧众的努力，稍稍加以恢复，可是内部分裂却发生了部派之争，大体分成至于十八部之多。开展斯里兰卡的佛教，实由阿育王时代开始，以后明王相承，便成为他们的国教了。公元前二世纪，脱达加门尼王开始建立佛塔；纪元一世纪，纪瓦达加门尼王，兴筑无畏山精舍，又书写口传的巴利文三藏。后来诸王，也都作了许多佛教的事业。

继阿育王之后，约当公元第二世纪间，印度迦腻色迦王兴起，佛教又复昌盛。迦腻色迦王本属月氏的后裔，后来渐次并吞西北印度及中印度的一部分。自信奉佛教后，发愿请世友、马鸣、胁尊者诸有学菩萨，聚会于迦湿弥罗城，结集经典，历十二年而成。唐代玄奘大师留学印度，归国所传的经、律、论三藏，前已言之，大多是此会的结集。此后第二三世纪间，龙树菩萨崛起于南印度，大宏佛教。第四世纪中，有无著、世亲兄弟俩的弘扬弥勒学派，阐述唯识法相之学，名噪当时。中国留学僧晋法显大师，就在公元四百十一年间，早于玄奘之前，到达印度。第六世纪中，有陈那、护法、清辨等论师，他们弘扬唯识、空宗佛学。唐初玄奘大师在此诸师之后到达印度，求学于戒贤、智光两法师，及胜军居士处，但都渊源于唯识、空宗这两派的学说。同时印度有菩提流支、菩提达摩、真谛阇那崛多、达磨笈多、法藏（贤首大师）等名僧，都来中国传教，翻译经典也很多。第七世纪末，中国有义净法师，留学印度，滞留南海诸国，返国后颇有著述。第八世纪间，印度佛教渐衰，此时印度有善无畏、金刚智、不空三藏等，到中国弘传密宗教法。到了十二世纪，伊斯兰教进入印度后，佛教徒多避地在南印度及西藏等地，从此印度本土佛教日益衰颓。

佛教传入中国的初期——汉末、三国时期

中印文化的交流，早在秦汉初期，已经有了迹象，佛教史乘著作所称的秦始皇时代，囚禁外国沙门室利防等十八贤者，入夜被丈六金刚破狱救出的记述，一般学者的考据，认为并不可靠。事实上，古代印度沙门的称呼，并不限于佛教徒的比丘，这些人或者就是婆罗门教徒与瑜珈术士之流，这是非常可能的事情。因为秦汉之间，道家方士的法术，多半与婆罗门教或瑜珈术有互通之处，所以可以旁征中印文化交流的时期，可能远较佛教传入为更早，当然那是初期接触非常稀少的事。佛教的传入，旧史著录，都以汉明帝时代开始，因明帝夜梦金人，遣使蔡愔等十八人，西去求经，到大月氏国，便遇迦叶摩腾、竺法兰两位法师，迎归洛阳，安置在白马寺，并译出《四十二章经》，藏于兰台石室，是为佛教传入中国的开始，以现代学者的考证，人言各殊，认为这是一件不可靠的疑案。最足征信的记述，而且有史料可考的，当在汉末和三国时期。汉桓帝时，有安息国沙门安世高来华，

月氏国沙门支谶到洛阳，各译经数十部，共有一二百卷。灵帝时，印度沙门竺佛朗也到洛阳，极力提倡佛教，主张与中国文化调和的名著《牟子理惑论》，便是这一段时期的著作。此后沙门康僧会，月氏籍的名士支谦、支谶、支亮三位佛教居士，都是学问渊博，为朝野所宗仰，他们专门弘扬佛教的学说，先后居留在东吴，为孙权政府的上宾。他们当时都通晓中文，极力从事佛经的翻译工作。曹魏在嘉平年间，因印度名僧昙摩迦罗与昙无德的倡导，已开始建立中国的佛教制度，以及出家受戒的规范，这才是佛教正式传入的开始。

在汉末与三国期间，佛教经典与初期佛教的规模，虽然源源传入中国，但与国内固有文化的思想，和儒、道两家的学说，显然有过激烈的竞争，这便是中国文化遭遇外来思想的刺激，引起思想史上轩然的大波。而民间自由信仰佛教，却日益增盛，知识分子，也逐渐在将近百年间，接受了佛学思想，因此便形成了两晋时期的玄风——玄谈的风气，致使南北朝六代之间，将近两百年来，中国文化和政治的命运一样，都在支离矛盾中，度过漫长的岁月。从历史发展的角度来说，那个时期并不是佛教文化影响中国历史局面的转变，实在是因为政治的转变和战争的影响，使佛教文化，变成那个时期中国人的应时礼品。这在民间和知识分子（包括朝廷与士大夫）阶层间，各有一种潜在的因素。归纳起来，约如：一、民间的信仰：因长期战争的结果，民不聊生，人事的努力，解决不了饥馑苦难的生活。天道既不足凭，生命也无保障，恐怖、悲观、厌世的情绪充斥。正好在这个时候，佛教思想汹涌输入，生前身后，善恶业力，促成三世因果的报应，和天堂地狱间六道轮回的传说，使人们更相信命运的安排，是由于前生业力的造就。因此在乱离的世局中，很快传遍了佛教的观念，人人信仰它可得身心的自慰，把佛与菩萨原义，就一变为与传统神祇的信仰相同了。二、知识分子的皈依：自东汉党锢之祸以来，汉初儒家传统的学说受政治和社会风气的影响，使人不能满足和信服。魏晋以来，知识分子的士大夫们，都纷纷寻觅思想的新方向，追求命运的象征之学，进入探索哲学的范围。并以旷达思想，崇尚个人自由，逃入玄谈的领域。其所宗奉《易经》、《老子》、《庄子》所谓“三玄”之学的思想，恰在此时，与佛教传入的般若性空学说相遭遇，因此一拍即合，更是变本加厉，便形成了遁世而逃入佛法的风气，尤以士大夫阶层，所谓知识分子的名士为然。基于上述两点因素，使佛教在中国，普遍的传布开展，但真正使佛教在中国奠定基础的，还是靠北朝石勒时代的印度名僧佛图澄和姚秦时代的鸠摩罗什，以及中国名僧道安、慧远、僧肇等数人的力量，才使佛教在中国文化中竖立了不拔的根基。

魏晋南北朝时期的佛教

从历史的发展来看，每逢时衰世乱，人心颓丧的结果，不是倾向现实，追求奢靡的生活，便是逃避现实，追慕高远的境界。我们试看魏晋南北朝时代的中国，由于政治局势的动荡不安，导致社会风气的颓丧，举如外族的侵凌和思想的转变等等，无处不在刺激人心而使走向积极或消极的路道。正当北朝石勒称王时，嗜杀好货，野蛮成性，而印度名僧佛图澄，便在此时进入中国，在后赵石勒的区域，宣扬佛教的慈悲教化。佛图澄除了宣扬教理以外，唯一特点，就是曾显示了许多神通，不但使石勒信仰而减少杀机，同时也使很多人相率信服不已。并且他又传授佛学修证的方法，提倡安般守意（安静、调息、守意入定）的禅定法门，使人们在相信佛教学理之外，又有确实修持的方法可循，与中国道家的养生方术，可谓相得益彰，而有异曲同工之妙。在佛学谈空说有的口头理论以外，确有神通、禅定的实证方法和事实可凭，这也是佛教由佛图澄而大肆开展的最大原因。后来他的中国弟子道安法师，又是学问博洽、兼通世务、德重当时的学者，而中国佛教净土宗的开山祖师，慧远大师，也就是他的得意弟子之一。

净土宗的创建

慧远大师，雁门贾氏子，少为儒生，博极群书，尤其深通《周易》、《老》、《庄》三玄之学，并习道家方术，后因避乱南下，从道安法师出家。因爱庐山的风景，便邀约当时名士，如陶渊明、刘遗民等人，会结白莲社于山中，取佛教经典中的《阿弥陀经》、《观无量寿经》等经为准则，专门提倡称念佛号南无阿弥陀佛，以祈求往生极乐世界的净土佛国，便成为后世净土宗的初祖。慧远大师净土宗的建立，可以说是形成中国佛教的真正开始，也是佛教富有宗教精神最显明的一面。归纳起来，促成庐山白莲社净土宗的原因，也约有两个因素。一、时代的趋势：因魏晋以来文化思想的转变，玄谈之学，已成弩末，致使求知者的欲望无法餍足。且因当时自由旷达之风，影响社会人心，由颓丧而变成放浪，以使政治更加紊乱，社会愈难安定。结果，逃世思想日益增盛，知识分子的代表中，如陶渊明、谢灵运等人，到处皆是。慧远大师以悲天悯人的胸襟，邀约当世知交名士，遁迹山林，也是当时必然的趋势，例如刘遗民应邀入山的回信中就有："晋室无磐石之固，物情有累卵之危。"的感伤词句，这就可见当时名士遁世逃佛的一般心情了。二、养生方术的选择：两汉、魏、晋以来，除了思想上的玄学以外，方士养生之说也大行于世，炼丹药以求神仙长生不老之术的风气，已经普遍存在。慧远法师也学过这些道术，终觉渺茫难凭，不是究竟的方法，于是仍须返求诸己，归到一心。他深通佛学性空的般若之理，而且学术传承自名匠佛图澄和道安法师的嫡派，深知后来求得实证的困难，便提倡精神超越升华的念佛法门，可以概括上中下三种器识的修持。即使此生不了，也可使灵魂得到超脱的境界。由于净土宗的创立，使佛教在中国确定了宗教的精神和形式，而且一直到了现在，千余年来，一句"阿弥陀佛"，已经变成中国社会的流行口语，不管是精心的修持或脱口的称引，到处都可听到国人所说的阿弥陀佛了。

鸠摩罗什与僧肇

姚秦时代印度名僧鸠摩罗什经西域来中国，大事翻译佛教经典，弘扬般若佛学，这是沟通中印文化思想，开展佛教文化的最大关键。他的出家弟子中，如僧叡、僧肇辈，都是当时中国的博学才子，他们师弟之间的学问和风度，影响于南北朝的学术界至深，最为当世所仰慕。尤其僧肇之著《肇论》，融合老庄、孔子的思想，倡《般若无知论》，《涅槃无名论》等，并为中国哲学思想史和文学史上开创了千古的奇局和不朽的名作。道安、慧远师弟的佛学论著，受罗什的影响也很大。罗什的来华，是中国文化史上的一段奇迹，这个奇迹，说来却很辛酸。前秦苻坚时代，因为仰慕罗什的学问，不惜调派大军，并遣将军吕光率领西征龟兹，后来吕光闻苻坚兵败，据姑臧自称凉国，罗什为吕光所得。姚秦时代，吕隆来降，才使罗什进入中原。姚兴便迎居于逍遥园，事以国师之礼，翻译佛经三百余卷，参加译事的约三千人，都由姚秦政府供养。从此名僧辈出，佛教声望日隆。由罗什东来译经的经过情形，可得如下四个结论：一、为了一位学者，不惜派大兵去征灭一个国家，辗转争得，这是有史以来的一件大事奇案。从好的方面看，这是尊重学术和师道的光荣。但从另一面看，也只有文化浅薄的人，才会做得出来，因为这也可以说是武力的劫持。不过千古以来，知识分子多半自相轻蔑，真正尊重知识分子而能爱才惜才的，还是一般所谓非知识分子的人，这差不多是历史上的定例。二、罗什的译经事业，是由一个政权所支持，才有这样伟大的成就。但他以外国人学通中文来作主笔，由中国名士才子的相助，使佛经的翻译，不但为佛教建立了特色，而且也为中国文学的体裁，开创了佛经文学的另一面目，这些经文，便是当时创作的语体文学，只是现代人读来，又变成古文了。三、在罗什以前的佛教传播，大多靠神通来显化，到罗什东来的时期，才使佛教哲学，与儒、道两家分庭抗礼，变成中国文化学术的一派巨流，以后才有儒、释、道三家之学，构成中国文化全貌的总体称谓。四、因罗什东来的影响，出家为僧尼的人数增加，品类不齐，颇多芋滥，才使姚秦政府，设立僧正职位的僧官，专门管理僧众。以后便因袭成隋唐以下的历代僧官规制，犹如现代的宗教司。

道生与涅槃佛性

在这段时期，佛教文化的传入，都从西北一路而来，中国文化的中心，也都在黄河南北一带，南方的学术思想，仍逗留在老、庄、孔、孟的范围里。而且佛经翻译还不俱全，例如《涅槃经》在当时，只译了一半，意谓极恶重罪的众生，不能成佛。当时道生法师，参悟哲理，便认为这是义有未赅，而并非完全的佛学，自倡极恶重罪的众生，也具有佛性，到了悔罪自新时，便可成佛。并且首倡“顿悟成佛”的意旨，因此被佛教徒们群相攻击，不能在北方立足，便南来隐居虎丘山，自为石头说法。所谓“生公说法，顽石点头”，这便是道生法师的讲经故事。后来《涅槃经》全部翻译完成，才证明他所说不错。道生这种思想的根源，实在也由《周易》、《老》、《庄》的三玄之学所开启，这也可见当时佛学思想之与中国文化，概可相互引证发明已至融通之境了。

第二节 佛教的鼎盛时期

隋唐时期的佛教

宋元明清的佛教

隋唐时期的佛教

由汉末、魏晋南北朝以来，学术思想的风气，一反两汉的朴质，普遍趋向于形而上的追求，佛教和道教的宗教学术，也便在这个时期日益发达。儒家学说，依违佛道之间。复因南北朝以来帝王政权的提倡，佛教受到朝野的尊崇，无以复加。但由两晋到隋唐之间的佛教，大半仍随印度佛教方式，正受中国文化的洗炼，在渐渐蜕变当中。到了南朝梁武帝时代，因他对宗教信仰，特别有兴趣，所以对佛、道两教，也都并存信奉，不过对佛教更有偏好，南朝的佛教寺院林立，凡名山胜迹，多半有寺庙的建立，所以唐人杜牧《江南春》的题咏里，便有“南朝四百八十寺，多少楼台烟雨中”的名句。可是这还只是指大江南北附近的佛寺而言，至如黄河南北的佛教建筑，尚不包括在内。与其说南北朝的文化思想，是玄学的时期，毋宁说是宗教的文化思想时期来得恰当。在梁武帝和北魏武帝时代，印度佛教的教外别传禅宗第二十八代祖师菩提达摩由海道到达广东，东来中国，与梁武帝一度对话不合，便渡江而北，隐居在嵩山的少林寺，面壁九年，这便是禅宗传入中国的开始。自初唐以后，禅宗大兴，使佛教一跃而变为纯粹中国文化的佛教，慧远大师的创立净土宗，和达摩的传入禅宗，可以说是两件大事因缘。因为学术思想和政治因素的交错为用，使南北朝六代以来，中国的历史文化，陷在一个非常紊乱的局面。因此隋唐之间，有文中子——王通的讲学河汾，综罗洗刷儒、佛、道三家的学术思想，开创初唐以来的唐代文化。这个时期，隋有智𫖮大师正式创建了佛教的天台宗，以禅那的止观为佛教实证的方法，用三止三观的体系，统摄全部佛学教理，开始分科判教，对佛学传承，作第一次批判的整理。智者大师著有《摩诃止观》一书，应是中国佛教第一部佛学导论或概论的巨著。后来宋代永明寿禅师等所著的《宗镜录》，算是第二部佛学导论的巨著。

1. 唐代建国的初期

以唐太宗的英明雄略，辅以初唐开国时期的文武将相，大多都是博识之才，加以接受了六朝以来的政治经验和惨痛教训，对于宗教态度，无论为佛教、道教，甚至景教、祆教，都一律优容，任由全国上下，自由信仰。在政府的体制里，僧有僧正，道有道箓，等于已经设立了各个宗教的专门管理部门。这时在中国文化史和佛教史上最大的一件大事，便是玄奘大师自印度留学回国，唐太宗为他设立译场，集中国内学僧与文人名士数千人，参加佛经的翻译工作。太宗一面尽力提倡宗亲教主的道教（道教奉道家的老子为教主，老子姓李，与唐同姓），一面也笃信佛教的宗旨，而且对玄奘大师，敬爱有加，几次劝他还俗出任宰辅，都被玄奘大师所婉拒。因玄奘大师唯识法相的弘扬，使印度后期佛教哲学，和大小乘的经典，也充分地播下了中国佛教和中国文化的种子。同时因法藏（贤首）大师的抵达中国，佛教又有华严宗学说建立，更为兴盛。随天台宗以后，复因华严宗的观点，对全部佛教教理，有第二次的分判。接着道宣法师极力兴起律宗，佛教戒律的确立和中国佛教的规范，便从此奠定，基础稳固。随之而来，三论、俱舍、成实等佛教宗派，也欣欣向荣，争放奇葩，各自发扬它的门庭学系，形成中国佛教的十宗教派，有如附表：

宗　派	印度宗师	中国宗师	创立时期	所宗经论	宗　旨
净土宗	马鸣、龙树、世亲菩萨等。	慧远法师	东晋时期	以《无量寿经》、《观无量寿经》、《阿弥陀经》及《往生论》、《大乘起信论》为主	以一心念佛，往生西方极乐世界为修证法门。
律宗	以佛说律藏为主，故以持律第一优波离尊者为始祖。	从竺昙摩迦罗（此云法时）之羯磨受法，为中土受戒之始。	曹魏嘉平二年	以《四分律》、《五分律》、《十诵律》等为主。	兼摄大小乘律学以持戒证圣为宗旨
天台宗		慧文禅师及其弟子智颉大师所创	北齐、隋时期	以《妙法莲华经》为正依，《大智度论》为指南，以《涅槃经》为扶疏，《大品经》为观法。	以一乘成佛为宗旨，三止三观之止观为修证法门。
成实宗	师子铠	鸠摩罗什法师弘扬之	姚秦弘始十三年	采小乘诸部最胜教义及诃梨跋摩所作《成实论》为主。	以《成实论》为宗旨，以二十七位法摄贤圣修证之阶梯。
三论宗	龙树菩萨	鸠摩罗什	姚秦时期	以《中论》、《百论》及提婆菩萨所作之《十二门论》为主。	破真俗二谛之执，显空、有、不住之事理。
俱舍宗	世亲菩萨安慧论师	真谛三藏玄奘法师	陈文帝天嘉四年真谛三藏译《俱舍》、唐太宗贞观七年玄奘译新本《俱舍》。	宗《四阿含经》等，并以《俱舍论》为正依，另以《婆沙论》、《阿毗昙心论》、《杂阿毗昙心论》等为主。	本宗以玄奘所译世亲菩萨所作《俱舍论》为宗旨，立七十五位法以摄心色等等事理。

续表

宗 派	印度宗师	中国宗师	创立时期	所宗经论	宗 旨
禅宗	迦叶尊者	菩提达摩	梁隋时期	《楞伽经》、《金刚经》	以教外别传、不立文字、直指人心、见性成佛为宗旨。
华严宗		杜顺和尚所创，贤首（法藏）大师弘扬之，故又名贤首宗。	陈隋时期	以《华严经》为主	以《华严经》四法界，十玄门之学为宗旨。
法相宗	弥勒菩萨、无著菩萨	玄奘三藏法师盛弘于中土	唐太宗贞观年间	以六经十一论为主，六经为:《华严经》、《解深密经》、《如来出现功德庄严经》、《阿毗达磨经》、《楞伽经》、《密严经》。十一论为:《瑜伽师地论》、《显扬圣教论》、《大乘庄严论》、《集量论》、《摄大乘论》、《十地经论》、《分别瑜伽论》、《辨中边论》、《二十唯识论》、《观所缘缘论》、《阿毗达磨杂集论》，又有以五经十三论为主之说。	明万法唯识之妙理
密宗	龙猛菩萨	又有东密（由中国传入日本）藏密（西藏密教）之分，唐时善无畏、金刚智、不空三藏东来弘传，莲花生大师入西藏弘传。	初唐时期	以《大日经》及《金刚顶经》两经为根本所依	亦称真言宗，立十住心统率诸教，建立曼荼罗，身口意三密相应，即可由凡入圣。

2. 禅宗的改制

由于初唐时期文化思想的博厚雄浑，佛教学者的名僧辈出，他们都以才堪大用的资质，从事于弘扬宗教的事业。使中国佛教真正开展的，应该归功于唐代。到了唐高宗与武则天时期，正好当佛教学僧们钻进佛经学术的注疏、译论的牛角尖，多数佛教名匠的博雅学者大阐其佛学义理，相率走近了迷宫似的唯识、法相之学的时候；禅宗忽然崛起，以教外别传、不立文字、直指人心、见性成佛相标榜，极其适合中国人的简朴和唐代思想学风朴实浑厚的要求。而且在遍地都是佛学学者的情景里，禅宗又出了一位目不识丁的大匠——六祖慧能，在广东曹溪，对平民社会大肆弘扬不立文字、见性成佛的宗旨。同时还有他的同学师兄神秀，在武则天的王朝里，被尊为国师的地位，也大弘其禅宗的佛法。神秀大师的学识很好，他的禅学，是以渐修为主，因为唐朝宫廷及士大夫的崇奉，禅学在从政的知识分子中极为普遍。慧能大师的一支，是以顿悟为主，因为他出身平民，不依文字，说法都用通常的口头语，使高深难懂的佛学，完全脱离酸腐的头巾气味，一变而为纯粹通俗的平民哲学，所以禅宗的宗风，便如风行草偃，大为畅兴。他们师兄弟在初唐时期，对于朝野的影响，形成南北上下两股交汇的巨流，自然要冲击到今后学术思想的转变，形成别开生面的光华了。

慧能大师一支的禅宗，以后便风行全国，我们尽可强调的说“请看唐室之域中，尽是禅宗之天下”了。自他三传以后，便有马祖道一禅师，和他的弟子百丈禅师二人，毅然改制，把佛教传入中国以后的规模，一变而为中国式的丛林制度。当时百丈师徒，被佛教徒们骂为破戒比丘，极尽诋毁讥评。殊不知以后佛教所以能够长久传布，却全靠这个制度而存在，其规制的流传，时至今日，并为国内外的佛教寺院所仿行。而且这种制度，影响后来中国社会，政治体制，都有很大的作用。禅宗丛林制度的特色，约有四点：一、改革佛教徒僧众们以乞化为生的依赖性，以集体从事农业生产，达到自给自足的经济制度。二、集中修持，以导师制来领导学者，从事知行合一的实证佛学。三、消除刻板的宗教迷信仪式，以身心实践求证，完成人性佛性的心佛平等，集体教学的目的。四、以适合中国文化和国情的清规，取代一部分印度化的戒律，建立群众和个人行为道德的标准。所以宋代大儒程伊川，叹为“三代礼乐，尽在是矣”。一般说慧能大师一派禅宗的兴起，是佛教的革命。其实真正佛教的革命性史实，应该推尊于百丈禅师的改制才对。关于丛林制度的研究，拙著有《丛林制度与中国特殊社会》一书，在此暂不多作介绍。

3. 密宗的兴起

唐代的佛教，自禅宗的崛起，使佛教成为一个纯粹理性的宗教，变成中国文化的巨流。此外，还有初唐时期，由北印度传入西藏地方的密宗佛教；和中唐时期，由中南印度传入中国的密宗，也是中国佛教史上一大转变。印度佛教有密宗的兴起，依据比较可靠的史实，实在是后期佛教学说，综合般若中观与唯识的佛教学理，融合印度固有的婆罗门、瑜珈术的修持方法，所形成的一个兼容古今修证方法的宗派，而且和释迦佛住世时代所说的修证方法，大有出入，这是一个非常驳杂与繁复的问题，一言难尽。总之，在初唐太宗开国的时期，藏王松赞干布要求内地文化的传播，只因唐太宗的宰相房玄龄一念之差，没有准许他的请求。后来除了答应下嫁文成公主，带去部分的佛经、佛像，和跟去几位道士等以外，始终没有给予文化的教育。一个政治措施的影响，岂但只为“百年大计”，同时也要顾及“远垂千古”，此于后世史家或读史者所见得失成败之效，概可客观判定的。藏地从此便转向印度，以乞求文化的传播，最初请了几位名僧入藏，开始传播佛教文化，模仿梵文而制立藏文。跟着便有密教大师莲花生大师的入藏，弘扬密宗的教法。于是西藏便在唐代以后，完全成为佛教密宗的佛土，而且演变为政治宗教合一的特别行政区域。历宋元明清以来，密教在西藏的传承，始终不衰，中间虽然难免也有内部派别之分，但其全部密教形式，并无多大变更，一个高居雪山北麓的高原，历一千四百余年，成为佛教文化的世外桃源，这也算是东方历史的奇迹。藏地的密教，由原始的红衣士派（红教），后来又分出迦居尔派（白教）和萨迦派（花派）。到了明代永乐年间，有青海人宗喀巴者，自幼在藏地出家，学成以后，又创建黄教。以后他的四大弟子，历代都以转生的传统，分据西藏、蒙古地区，宣扬教化。在前藏的达赖和后藏的班禅，都成为政教合一、以教统政的法王。而章嘉与哲布尊丹巴之在内、外蒙古，也都各自世世转生以传续他们的法统。但他们历代都承受中国帝室的封号而尊为呼图克图（具有大师、活佛等意义）。中国内地，在唐玄宗时代，有印度密宗大师善无畏、金刚智、不空三藏等，世称开元三大士的传进密宗的教法，他们都有一部分的神通，对传教更为便利。那时除了禅宗以外，最富于神秘色彩，而且有新奇刺激性的，就莫过于密宗的佛法了。所以朝野竞习，不久便流行于中国各地。到了元朝忽必烈时代，他尊崇西藏萨迦派的密教大师八思巴为国师。那时八思巴只是十五岁的少年，不但学问渊博，而且具有许多神异的奇迹，他仿照藏文为蒙古制立文字，随着忽必烈进入中原，便奉密教为国教，甚至元朝历代帝王就位，都要先经喇嘛的灌顶仪式，宫廷和民间秽迹，普遍流行，从此禅宗和其他各宗派，也大受影响，因此南宋末代的有名禅宗大师高峰妙，便宣布闭死关，足迹永不下山了。到了明代永乐时期，认为密宗是不经之道，便有放逐的措施。因此由开元三大士传入的密教，便流传在日本，世称“东密”。西藏的密教，也因宗喀巴大师的整理，而于全藏建立了黄教的规模。只有在四川与西藏的边境，还流传着原始密宗的教法，这便是世称的“藏密”了。

宋元明清的佛教

1. 宋代佛教儒化的理学

由中唐到五代的一段时期，中国文化的哲学思想、文学风格、艺术和生活，都陶冶在禅宗的韵味中。禅宗本身，也在中唐、晚唐、五代之间，另建立了五家宗派，各有教授的方法，如临济、曹洞、云门、沩仰、法眼等。这时禅宗的学风，也如南北朝的玄谈，可以先后媲美，第一流的人才，多半逃禅入佛，当然这有许多政治与社会因素的背景，才形成那个时代的风气。欧阳修定《五代史》，认为五代无人物。

王安石却认为他的观点不对，说是五代的人才，都入禅宗的网罗之中，这倒是有相当的理由。因此到了宋初开国的时期，上有宋太祖赵匡胤，下有宰相赵普和后来范仲淹等的提倡，有宋一代的儒学，一变而有理学五大儒等的兴起，这便是说明一个文化思想传统，积久成弊的反正。宋代的理学家，接受唐代韩愈、李翱等的启发，经欧阳修等的领导，突然崛起于千余年之后，号称直承孔孟心法，在汉唐的儒学以外，别树一帜，不须讳言的，那是受到禅宗的影响，并也渗入老庄思想的成分，这才构成一番宋儒的面目。换言之，宋代的佛教，已由佛而入儒，因禅宗而产生理学，这是中国文化史上必然的演变，也是佛教文化与中国文化融会的成果。当汉末、魏、晋、南北朝、隋、唐、五代以来，佛教虽然已成为中国的佛教，但儒、释、道三家的互争学术地位，与三家同源的思想，在历史上，一直没有停止它的运动。到了南宋末期，禅宗大师们大谈其儒家学理，而且佛学儒化，儒学佛化的迹象，已经非常明显，所以宋代理学的产生，可谓由来已久，只是到了五大儒等手里，才算正式开始而已。

2. 元代的密教

因西藏密宗势力随元朝军事统治力量的推展，普遍渗入全国各地，据有宗教的特权，喇嘛们幻想政教合一的局面，全国各宗派的佛法，都受到极大的斫丧，从此各宗佛教元气大丧，几至一蹶不振，只有禅宗在丛林制度的卵翼下，尚能存其微弱的传统命脉。净土宗因其平易近人，始终还能存在，而为民间普遍的信仰。

3. 明代的佛教

明代承元朝的余绪，到永乐年间，虽然放逐密宗，但因两宋以后，理学家的思想，已深入知识分子的阶层，又因朱明政权提倡儒学与朱注经疏，定为士大夫进身的范本，在明代三百年间，作为佛教唯一权威的禅宗，也难与理学相抗衡，只好故步自封，它的传统也是不绝如缕。晚明垂末，理学家的王学大行，佛教人才衰落，僧众良莠不齐，难以重振唐宋时代的声威。到万历时期，先后产生佛教四位名僧，如憨山、紫柏、莲池、藕益，佛教界称之谓明末四大老的大师。他们都是深习儒家学说，后来宣扬佛教的思想，也都是儒佛同参，互为依傍。憨山大师因名位过高，牵涉宫廷争立太子的案中，被贬到过潮州，他一生著作等身，门弟子编集其全部著作，自题为《梦游集》，其中有佛化言儒的《大学》、《中庸》直指，佛化言道的《老子》、《庄子》注等。莲池、藕益两位大师专弘净土。而藕益的著述，也有佛化言儒的《论语点睛》和《周易禅解》等书。紫柏因争立太子案牵连，在狱中坐化。明末佛教的命运，也随帝室的兴衰而日趋没落。在明清交接之间，还有一位有名的诗僧苍雪大师，为明末志士遗老们的方外密友，以阴助他们匡复明室的活动。

4. 清代佛教的衰落

清代入关之初，西藏密宗黄教的祖师，第五代达赖，已经在明末时期，潜与满州有了默契，同时满州为了牵掣蒙古，联合满蒙的力量，也极力崇敬章嘉呼图克图。所以满州入关之初，便册封达赖、班禅，又尊奉章嘉十四世为国师。自顺治至康熙，都与蒙藏两地的密教，有息息相关之妙。顺治虽然也从玉琳国师学过禅宗，但并不因此而改变其羁縻喇嘛，推崇密教的政策。无论为政治的需要，或宗教的信仰，初期的清期，是偏向佛教的密教的。到了雍正年间，因他本人在藩邸的时间，曾经与迦陵性音禅师等相往还，有过一段不算短的时间，专志参究禅宗，自己以为已经大彻大悟，认为迦陵性音的禅是不够的，倒是推崇章嘉十四世国师，说他是一位真知灼见的见道者。等到他就职登位的时候，以一代帝王之尊，在深宫内院，领导和尚道士参禅，自称为圆明居士，也是一代禅宗的大宗师。并且屡下诏书，大弘禅宗的临济宗派，废除明末以来密云悟禅师旁门的汉月藏禅师法统。命令天下禅师，可以随便找他谈禅论道，决不以帝王的尊贵自恃。同时又下诏书，训诫和尚们不可学作文章诗词，要以专心修道为务。据传中国佛教徒的出家僧众，受戒时在头顶上灼烧戒疤，便是他的杰作。因为他信仰佛教，大发慈悲，准许天下士庶，自由出家。但又恐明末的志士遗老，混迹其间，难免掀起匡复的工作，便在出家人的头上烧疤，以资辨认，同时也是防止乱源的办法。是有意或无意的作为，一时还难考证，但是佛教徒出家的滥觞，确从清初开启厉禁，为了始阶，可谓“爱之适以害之”了。乾隆一代，承皇室传统习惯，也笃信佛教，他是专修密宗法术的专家，到了他退位为太上皇时，更加虔诚，临死前还口念咒语不绝。嘉庆以后，因欧风的东渐，西洋文化思想随教会俱来，佛教的命运，也随时势的推移，而大有转变了。

西藏地方，自初唐时期，正式接受佛教文化，不出一二百年间，东至四川边境，北及青海边境等地，都成了全盘佛教文化的区域。从此一千余年，只有佛教内部学术宗派的分化，并无外来的干扰，所有政治、经济、军事等地方政权，大都集中控制在喇嘛（和尚）们的手里，凡喇嘛寺院的所在地，就等于地方政府的驻在地，单以这一区域来比较罗马天主教的教廷，它的财产资源与统治权威，也许超过教廷；同时全藏人民，所有的收入，三分之二，都自动供养给喇嘛寺院，作为培养升天成佛的福报资粮。但社会风俗，始终停留在中国中古时期边疆民族的原始生活状态；例如家庭男子，大凡有一二个兄弟以上，必定要有人去做喇嘛，或是终身，或是有限期的喇嘛，那是听凭意志自由而定。它雄据雪山高原的盘地，优哉游哉的过着世外桃源的生活，所以在过去西藏人们的眼光看来，只有佛化的社会，才能做到天下太平的佛国乐土。中国内地历代政权有所变更的时候，他们便见风转舵，依附新朝，所以历代帝王，也都尽量优容，予喇嘛以敕封，使其就地受理地方行政，他们都能乐得安闲，不问世事。只有清朝乾隆时代，曾经一度用兵西藏，以后便常用驻军镇守，然而这些驻军不久就被喇嘛佛化了。到了十九世纪后半期，与廿世纪之间，初因清廷腐败，继而国内军阀割据，中国内忧未已，外患又多，英国人占据印度，用心西藏，屡加挑拨汉藏地方民族的感情，要想引起双方纷争，而坐收渔利。所以西藏的喇嘛和一般人士，便有亲英派和亲汉派的明争暗斗。从大处而言，前一代的班禅，便是亲汉派，前一代的达赖便是亲英派，因此在十九世纪开始，欧美人士进入西藏，研究佛学，或借此而别有用心的，其数相当可观。西藏人能通英文，比能通汉文者为多。欧洲为英法的传教士，或是假借传教士为护身符的，进入西藏，乃至金沙江到达上游的小凉山区域，想利用中国边疆民族的无知，如倮罗夷人等当地原住民族，要席卷中国西南边疆的野心的，实在为时已近一二百年了。后来日本也看中了中国这个弱点，深入西藏和倮罗夷区域，以学佛为名，而实行其侵略野心的，也大有人在。

结论

佛教传入中国，自汉末历魏晋南北朝三百余年间，可以说为中国学术思想注入新的血轮；也可以说引起中国学术思想经过一段相当长久的纷争时期。但佛教在中国史上，自始至终，没有直接影响到政治的作用，在隋唐之间，只有为争取学术地位的师道尊严，经过几次辩论，结果被历代帝王政权所承认，对于出家僧众，在宗教地位上，始终以师道相待，彼等对帝王，可以长揖问讯而不跪拜，这个传统后来一直延续到清末。初期佛教，人才辈出，尤其在隋唐五代宋之间，历代高僧，都是学识淹贯，渊深通达之士，盛唐之间，有几次以考试佛学经论，选拔出家僧众，史称某某和尚，以试经得度，便是这个制度，所以出家僧众，素质也比较优良。但在武则天与玄宗时代，政府也曾鬻卖“度牒”（出家僧众的文凭）来充实财政经费，等于清末科举功名的捐官或捐监。总之，佛教在中国政治史上，因高僧大德们的注重教化，从不干预政治，所以向来都被优容尊敬，任从民间自由信仰。虽然在佛教史上，曾经在南北朝与唐代，发生过“三武一宗之难”，仔细研究历史，平心而论，也不全属帝王的政治见解，或为纯粹的宗教斗争，而当时佛教徒本身，实在也有许多问题。例如：唐代名儒韩愈的辟佛，详细研究史实，和他留传文章的思想，与其说他有严格排除佛教的观念，毋宁说是因佛教徒的作风，引起他的反感。当然政治主张的措施，也是很大的因素之一。不过他曾与佛教名僧如大颠禅师等，作方外好友，这也是事实。可见论事论人，极难轻下断语，不可遽从成见。倒是宋徽宗一度的排佛，的确完全是受了道教的影响。此外，佛教在中国史上，一直与儒道两家，互相消长，此起彼落，形成中国文化思想儒释道三家的巨流。

至于佛学思想，尤其是禅宗风格，在中国文化方面的贡献，影响极大，而且功多于过，美不胜收。例如政治、社会、哲学、文学、建筑的艺术、图绘及雕塑，乃至如中国人的生活艺术，食衣住行，已经到处都充满着禅佛的余韵，甚至影响日本更大。略举学术和文学方面的贡献来说，自曹魏时代，曹子建因听梵音，自制“渔山梵唱”，便为中国音韵学与音乐，别开生面。鸠摩罗什师弟创建佛教文学的风格，南北朝间，因翻译佛经，高僧们发明韵声的反切，为中国音韵学的滥觞，千余年来，一直沿用不衰，再变而有现在注音符号的出现。梁朝沈约所整理的声韵学；刘勰对批评文学的伟大贡献而有《文心雕龙》的著述，都是渊源于佛教的熏陶。陆羽的《茶经》，唐代一行大师的阴阳术数，宋代程明道太极图的发现，都与佛教有莫大因缘。少林寺的武术，辅助宋太祖的平定天下；元朝耶律楚材对医学的贡献；刘秉忠的默化元朝君臣，施仁戒杀；明代姚广孝劝阻永乐的暴戾，这些都是历史俱在的一般贡献。有关于艺术的贡献，举其荦荦大者而言，如云冈石窟，敦煌壁画等，都是举世皆知的事迹。总之，佛教因历代高僧大德学养的优越，使佛学思想，影响中国学术与文学更多，试看历代文人学者的专集，不与佛教高僧有关系，不掺杂少数佛学思想的，可以说是极其少数的事，且如清代女诗人蔡季玉所作“赤手屠鲸千载事，白头归佛一生心”的名句，它正透露了过去中国一般知识分子之所蕲致，最高思想的归趋，和最后人生的境界，也自充满着禅佛的余韵。这都是具有权威性代表意义的！

第四章

世界各国的佛教

第一节 亚洲的佛教

韩国

日本

缅甸

泰国

越南

东南亚其他各地

世界各国佛教的传播，除了西方欧美是间接受中国的影响，南亚的缅甸与泰国，远在印度阿育王时代，已经有初期小乘佛教的传入，其余东方各国，如韩国、日本、菲律宾、新加坡、越南等地，都由中国的关系而传入佛教。从历史的观念来说，韩国最早由中国传入佛教，其次是日本，兹就其先后传播的次序，作一简述。

韩国

现在的韩国，旧称朝鲜，它包括旧史所称的高句丽、新罗、百济三国的全称。当时佛教传入三国的年代并不一致，而以高句丽为最早，在中国晋代之时，前秦苻坚遣沙门顺道，送去佛像经文一批，时高句丽王小兽林，便接受信奉，并创建了肖门寺，居奉顺道法师，这是高丽最初传入佛教和创建佛寺的开始。过了十二年，印度沙门摩罗难陀，从东晋传佛教到百济，百济的枕流王备加尊礼，创建佛寺，并剃度出家僧众，正式信奉佛教。再后五十年，才由高丽沙门墨胡子，传佛教入新罗，但未经流行。百余年后，到了法兴王时代，才开始大弘佛教，创立佛寺，佛教乃得盛行于新罗。

此后百年间，正当中国武则天时代，新罗国文武王灭高丽、百济两国，统一朝鲜。那时高僧文晓等，弘传佛经华严宗旨，称为华严教，名僧大德辈出，佛法大兴。到唐玄宗时代，王建兴又灭新罗，复称高丽。那时中国内部，因经历五代的变化，佛教也受政治影响而衰退，但高丽却承前朝余绪，佛学大盛，中国佛教的著作，如《天台章疏》、《华严经论》，都靠高丽传归国内，使中土佛法，赖以再兴。

宋初，有高丽沙门三十余人，来从永明寺智觉禅师习受《宗镜录》，回归以后，各化一方，这便是朝鲜传入禅宗的开始。后来高丽王又派遣使臣，向宋朝求取官本的藏经，和他本国原有的前后两藏经，与契丹藏本，合校刊刻版本，便是后世所称有名的高丽本《大藏经》，被公认为研究佛教经典的善本藏经。朝鲜佛教，也以这个时期为最盛。

明初，李成桂又灭王氏的新罗，称国号为朝鲜，这时道家的思想和儒家的理学学说都大行于朝鲜，佛教反而退落，不如当初。总之，朝鲜的佛教，都由中国传入，并无特别的自创宗派可言，只有专讲华严佛学的贤首宗，与禅宗五家宗派之一的“法眼宗”而已。此外，仅有主张持戒、诵经等以种善因的渐派，也称之谓“教宗”。另与主张一心念佛，往生净土的顿派，也称之谓“心宗”的两大派别。到了清朝末叶，朝鲜既被割让，日本的佛教，便随军事政治的力量而侵入，朝鲜本土的真正佛教精神，从此便衰颓不振。二十世纪以来，韩国的佛教，仍为日本占领以后的变质佛教，现在韩国独立，尽多高明之士，其原来的佛教当待重新规复，并力予振兴了。

日本

日本佛教的正式传入，约当中国南朝梁末时期，在钦明天皇即位的第十三年。当时百济国王遣使至日本，并奉赠佛像经论等，从此日本王朝，才渐有崇佛的倾向。数十年后，圣德太子的兴起，佛教才得发展。太子是日本当时的政教主，建寺弘法，极力宣扬佛教；他并制定了十七宪法，成为日本历代帝室的法典。自著《胜鬘》、《维摩》、《法华》三部佛经的疏述，也是日本后世佛教的范本，所以素为日本人所尊崇以为千载明王。再过百余年间，到了飞鸟、奈良两朝，政教潮趋一致，陆续创建维摩、仁王、金光明等佛会，中国佛教的三论、法相、华严、戒律、成实、俱舍各宗，也相继在日本兴起，这便是日本佛教有名的古京六宗。那时高僧辈出，佛教大行，慧观僧正由高丽传入三论宗，后来又分为元兴、大安两派。成实一宗，附庸于三论。玄昉僧正由唐传入法相宗，后又分为南、北两寺，互争优劣。俱舍一宗，附庸于法相。道璿律师传华严宗，鉴真和尚传戒律宗，都渊源传承自中国的佛教。

从此再过百余年间，到了平安朝代，天台宗的传教大师最澄，真言宗（密宗）的弘法大师空海，相继而兴。最澄大师开始弘扬佛教于叡山，备受王室的信仰，后来又入唐求法，得受天台、真言、禅、戒律等四宗的传承而归，因此便大张叡山的规模，包罗台、密、戒、禅四宗而立说，尽量发挥天台宗的教义，声望隆极一时。那时空海大师也与最澄先后入唐求学，从惠果阿阇黎受学真言宗，回国后，创立东寺，极力弘扬密宗的“金刚”、“胎藏”两界法仪，声势弥盛，因此而开高野山永久的基业。这时日本的佛教，可谓是天台、真言两宗的天下了。

最澄大师所传天台宗的内容，包括兼摄佛学的“显教”和“密宗”两部。所以又称为“台密”。后来他的弟子圆仁、圆珍，又相继入唐求学，台密宗派更加畅扬，与空海大师所创的东寺密教，所谓“东密”的法门对峙。后来因徒众的不和，又分为山门、寺门两派，从此支流繁多，各自传授。总之，当时的密教势力，极为普遍，不论日本何种宗派的佛法，都带有这种神秘的色彩，信众大家都注重祈祷，比较灵验，佛教便一变而为神异的、奇迹的秘密神教，形成大众社会各阶层间的一大势力，所以流弊百出，有违佛教原旨本色。当时又因日本政治社会变乱不安，影响一般人心，易于趋向厌世。空也上人便在这段时期，努力提倡净土宗的念佛法门；良忍上人也从而提倡融通念佛的教义，创立融通念佛宗派。日本史上，这时正有源、平两氏的内战，他们大事杀戮，弄得民不聊生，所以法然、亲鸾和尚所倡依仗他力念佛的教门，也就乘时而兴了。

到了镰仓时代，正当中国的南宋时期，日本佛教的新兴教派，举如净土宗、真宗、时宗、禅宗、日莲宗等，都应运而起，而且名僧迭出，振兴佛教，大畅宗风。净土法门，由法然上人开始，独创一宗，他本受学于叡山，后来因仰慕中国善导大师的法系，大倡净土念佛一门。他的门弟子，英才众多，所以后来传下的流派也不少。亲鸾上人，便是他的得意高足，他秉承法然大师的意旨，特别主张出家人可以娶妻食肉，认为唯仗发挥信仰的愿力，便可绝对得到佛力的加庇，往生西方极乐世界。因为他的教义通俗易行，所以能够深揽人心，独成一格，因此便名为净土真宗。它的势力广被，直到现在还盛行不衰。此外，如一遍上人的游行念佛，创立时宗，也是法然大师的门下流派。

禅宗的法门，本来早已流传日本，但至荣西、道元两家，才开始建立专宗。他们两人都曾入宋求法，分传临济、曹洞两派的禅宗，以直指人心、见性成佛的宗旨相号召，极适合于当时人们的需要，便普遍流传。因禅宗以了生脱死为话头，后来便影响到日本人不畏死的武士道精神，并且对于他们生活艺术的栽花种竹，诗情画意，都大有裨益，处处以禅意相号召了。

此外，有名的日莲宗，原由日本本土的天台宗蜕变而兴，为日莲上人所开创，乃是主张以唱念《妙法莲花经》的经题，便可见性成佛的法门。上人生性豪迈，为人刚正，以英雄的气质，行佛慈的教化，且具精力充沛，毕生以“自度度他”为职事，所以教法大行，确为日本僧史中的特殊人物。弟子人才辈出，益使法门大张。此时新兴宗派，相继兴起，古宗、平宗两地原有的名宗，也受到激发而振兴起来，便形成日本佛教最为兴盛的时代。

再后至吉野、室町时代，正当中国明朝时期，日本佛教，以禅宗的临济宗最为盛行，京师、关东之间，有五山十刹，二十四流之繁衍。曹洞宗则在东北边隅仅自苟延而已。日莲宗因有日莲上人的倡导，起初传教于京都，后来又盛行于东西各地，流派更多。其他如净土宗，有白旗、名越两派的兴盛。真宗有莲如上人的中兴运动。但从此便逢“战国”

之乱，佛教各宗命运，也随政治的没落，以致濒于衰败。

过此以往，到了德川时代，正当中国明清时期，德川家康统一日本之后，他想凭借宗教的力量，以收揽劫余的人心，所以极力提倡佛教，因此佛教势力，声威重振，便有各家“学舍”和“谈林”等的创设，但此一时期，佛教学术思想的转变，可比之如中国两晋的玄谈，汉唐的疏释。举例说来，如华严，有凤潭上人的新说；如临济，有白隐禅师的宗风。天台宗，大兴其安乐律；真言宗，行施其正法律。另外，如真宗有东西本愿寺的分立；日莲宗，有教系的争议。同时中国隐元禅师东渡，开立黄蘖一宗；而曹洞宗，也于此时再度兴起。因此佛教学术思想大盛，并且都以俱舍、唯识为其共通的修学基础，这便是日本人所称“佛教的注解时代”。

到了十九世纪中叶，日本“明治维新”励精图治，首先接受西洋的新观念、国家政治思想，以及学术教育等一切施为，大有由东而西，改途换辙之势。因此佛教方面，虽然仍旧保有其俨然国教的地位，但天皇皇权神授的思想，和旧有神通设教的精神，也同时崛起。于是日本佛教便又别开生面，而转向于两个道路，那就是：一、佛教神道不分的民间社会，宗派普遍繁兴，以与军阀们的军国主义，密切联系。二、知识分子，学习西洋治学方法，重新研究佛学思想，由宗教的信仰转变为哲学的探讨。同时又以怀疑的态度，考据佛经学说。但无论如何，在学术思想上，佛法反因此而昌明，且大行于日本，数十年后，直到二十世纪之间，其影响于中国佛学界，也最为有力。在佛教徒的僧众方面，也受时代潮流的刺激，兴立各级佛学学校，印订藏经，努力从事社会弘法事业，也益形发达。

及至二次世界大战之后，军国主义的思想没落，军阀干政的权力也悉被摒除，在战后悔过自新的日本，国人为了生存的需要，大量向美国等西方国家移民，因此佛教文化也连带输出，而进了新大陆的美国，现在美国已有佛教寺院的创建，和出家僧众的雏形，说实在话，这些都是得力于战后日本人的灌输。此外，专门在美国和西方国家弘扬禅学的日本学者，如铃木大拙，使日本禅学的风气，在二三十年间，便传遍全世界，日本政府，现在册封他为“国宝”。这样一来，从此西方国家，只知禅在日本，不知禅宗的传承，实系渊源于中国。国人虽然稍受感染，群起谈禅，大都学无师承，师心自用，不能真正了解禅宗。我们对此，实有无限惭愧，不胜怅惘的感叹！

总之，要研究世界性的佛教，日本佛教虽然传自中国，但千余年来，它已的确成为一个代表世界性的“佛国重镇”，确是有其重要地位的。我们回溯往史，日本佛教的学术思想，虽起先从中国传入，但其教义，却自始至终，已渐渐的隐约变质，到了“明治维新”以后，直至现代，日本佛学，已变成为另一系列的哲学思想，或与其国家政治相关联，并非原来面目。这在研究日本佛学史者，但须稍为留心，便不待言而可知。例如，第二次世界大战爆发以前，日本佛教解释“大日如来”，便有隐含军国主义的色彩。在民国二十四年前，日本驻杭州的领事馆门前，大书特刻其“大日如来”的标语，这是著者所亲见的事实，这也就是当时日本佛学思想的作用。可是至今举世言佛学者，都举日本佛学为准绳，甚至，包括中国大部分佛教信众的观念也如此，我只能引用一句佛语，说它“不可思议”。至于日本的禅学（是否可说是禅宗），更难下一判语了。现代的日本佛教，在其国内，从第二次世界大战以后，神佛不分的教派，和佛教道教混合的宗支，乃至与秘密社会的关系，如雨后春笋，大约有三四百家之多，一变再变，这岂仅是“橘逾淮而成枳”的不同而已！目前如日莲宗创价学会的兴起，标榜佛教而图参政，甚至，未来的发展，是否别有意图，均难遽下断语。展望二十世纪末造的日本佛教，唯有合掌遥祝其前途远大，正法与国运，并世昌隆！

缅甸

缅甸的佛教，早在公元前三世纪时期，因阿育王四处派遣传教士，已经从印度直接传入。但其最初教义，尽属佛教的小乘教法，且已深植根基。后来大乘的思想，也渐次传入，可是大小乘的思想竞争，非常猛烈。终使大乘的佛教思想，一蹶不起。至今支配缅甸全土的教法，完全属于小乘佛教思想，而且为一纯粹的佛教国家。

缅甸的佛教寺院林立，僧众们在他的寺院中，专门从事教育事业，一般民间子弟，都入寺院接受佛化教育，能够读书写字的，约占五分之三以上。大凡八岁以上的儿童，开始送入寺院接受普通教育，学习巴利文的佛学教科书，比较优秀的，即转入高级僧院，接受高等教育，而为出家僧众。缅甸在近世佛学史上，且为印度佛教的策源地，欧洲人初受佛教思想影响，实以缅甸为其传播中心，欧洲人出家为佛教比丘的，也大都在缅甸剃度受戒。他们办有多种英文的佛学杂志，具有卓见可观的论文也不少。只是在二十世纪的末造，若全凭小乘佛教思想，主持政治，不但值得忧虑，恐怕也是“匪夷所思”，而应特加检讨的。

泰国

泰国旧称暹罗，它的佛教，早先由印度的康保假传入。就是当时以弘扬佛教著名的勃陀考沙，统一缅甸与假巴的佛教，经常住于康保假，因此便传播佛教于泰国，大受皇室与民间的尊仰，遂使佛教一变为泰国的国教。后来便明定以释迦佛圆寂的那一年，为其佛历纪元的元年。但是它的教义，也以小乘佛教思想为准。泰国人民，自少年时代，便要一度入寺院为僧，接受佛化的教育。所有的人们，都以佛教教义为修身的规范，举凡学校教育、军队、警察等训练，在开始和毕业的时候，都要礼诵佛教的经文。男人们，依法定的年龄，必需经过三个月或一年出家为僧的生活。而且在这一段时期内，绝对禁欲，专门学习佛教行仪，研究佛学思想，为以后立身处世的道德标准。即如国王就职，也须举行和发布佛教宗教仪式的宣言。所以举国上下，一律都是佛教徒。僧众们，都穿黄色的袈裟，全国为一全黄色僧服的纯粹佛教国家。僧众多是直接参加政治的知识分子，资深的大和尚，并有僧王的封号。佛像寺院，遍布全国。首都曼谷的寺院建筑便占全境十分之四，有名的越帕寺，成为曼谷市内最壮丽的建筑。其他如越吗限寺，等于十方往来挂褡的大丛林，容纳僧众最多。乌富里古寺，是最古老的佛寺，佛像的塑造，有坐卧等姿势，而且大至寻丈，小至寸许，也颇富有艺术的价值。这是一个古老的佛教国家，也保存有许多原始印度佛教的习俗，它和缅甸，都是东南亚佛国重镇，是传播佛教的总站或策源地。时代的巨轮，正进向静谧的佛国，他们仍然静静地停留在蓝天茂林的佛学静境里，二十世纪世界局势的转变，究竟成佛成魔，就全赖贤明王室的领导，和高僧们智慧的支持与选择了。

越南

越南的佛教，原由中国传入，后来又受缅甸、泰国等小乘佛教的影响，大乘思想，不能深植根基，也同东南亚其他各地一样，对于大乘佛教观念，始终模糊不清，寺院僧众的规模，也不是中国丛林制度。自十九世纪末叶，越南被法国所侵占，从此宗教信仰，并不单纯。在越南尚未独立以前，古老佛教的信仰，依仗王室的庇护，在新旧世纪的罅隙里，还可自生自灭，到了目前，越南佛教徒声明为争取自由，几次掀起推翻政府的浪潮，甚至，为了这种运动，僧尼举火焚身，表示极端抗议，已经为举世所瞩目。这种行动的得失成败，目前很难遽加论断，应该付诸今后历史的定评。

东南亚其他各地

东南亚其他各地，先期的佛教，原以斯里兰卡、爪哇与苏门答腊为最盛。当公元四百五十年间，高僧功德铠至爪哇传播佛教，国王与王母以下，都加信奉，佛学大乘思想，颇为流行。七世纪末叶，中国名僧义净由海道赴印度留学时，也曾到过南洋各地，宣扬佛法。苏门答腊的佛教，在唐朝时期，由爪哇传入，现在已经衰落。其他如老挝、印尼、马来西亚各地，以至菲律宾等国家，凡华侨所到的区域，或多或少，总存有佛教方面具体而微的规模，或受缅甸、泰国小乘佛学的影响，或受中国大乘佛教净土宗的熏染，“南无阿弥陀佛”的呼声，和佛教寺院的建筑，所在皆有。

第二节 欧美的佛教

英国
德国
法国
美国
俄国

英国

英国在公元一七九六年统治全印度时，便开始对印度文化及佛学经典加以注意和研究。英国人关于佛学的研究者，曾经出过很多人才，其中最杰出的有两位：一是马克斯·缪勒（Max Muller），一是里斯·戴维斯（Rhys Davids）。马氏为梵文专家，在一八七九年，发行《东方圣书大集》（Sacred Books of the East）四十九卷，从此备受学术界的推崇，他的专集中，有若干的佛教经典，为《小乘律》、《长阿含经》、《佛所行赞经》、《观无量寿经》、《大无量寿经》、《法华经》，和所发现的梵文英译等书，开始引起了英国人对于佛教研究的兴趣。一八八一年，里氏在英伦创立巴利圣典协会（The Pāli Text Society），译出了流行于斯里兰卡的《南方圣典》，《经、律、论三藏注释史传》等书。又得到泰国国王的资助，刊行了《巴利文三藏圣典》，更影响到欧洲人士对佛学研究的兴趣。以上所述为两氏对佛学西传的两件大事，但都有英、法、德等国学者的参加，在十八、十九世纪间，这是对欧洲学术界注入新的血轮，马氏和里氏曾分别在牛津和伦敦两大学开讲佛学，影响很大，伦敦佛教协会便公推里氏为会长，里氏的夫人亦译有《法聚论》等佛书多种。

英国大菩提会，原是斯里兰卡人达摩巴拿氏，在一九二七年新创立，参加的英国佛教徒和印度、斯里兰卡佛教徒，人数相当可观。而且附设有研究会，讲演会等，每月发行有《英国佛教徒》（The British Buddhist）的月刊杂志，销路颇广。此外，还有阿太卡来博士所创设的伦敦学生佛教协会，亨波来创立的佛教居士林等，都是弘扬佛教学术的机构。

德国

随英国而起，德国人对印度佛教学术的研究，是学术界的新兴运动，赫尔曼·奥登堡在一八八一年出版了《佛陀的生涯、教义及其教团》，此乃根据巴利文原始资料，推述释迦佛历史的不朽之作，销行颇广。

与英国马克斯·缪勒同时著称于世的，便是德国的印度学术专家韦伯，为研究小乘《杂阿含经》的泰斗。他的弟子罗伊曼，在柏林讲学，以擅梵语与藏语见长，声誉甚隆。日本佛教的学者常盘大定、渡边海旭、荻原云来等，都是他从学多年的弟子。

此外，有马格斯·瓦勒泽尔，精通印度梵文、中国藏文、美国英文等各种语言，为德国佛学界的权威学者，他曾作有《自我的问题》一书，一九〇四年出版《最古佛教的哲学基础》，一九二七年出版《古代佛教的分派》等书。马氏又创立佛教协会，促进欧洲学者对佛教的研究，并且联合世界各国，尤其与东方学者共同探讨。他的实际活动，有从事翻译佛教经典、发表论文和会报、设立佛教图书馆、颁发大学佛教讲义，及在大学学府以外组设佛教的讲座等等。

保罗·达尔克所创立在柏林郊外的佛教精舍是德国佛教运动的中心，现在也已成为柏林郊外的名胜之一，藏有各种原文和东西方文字的佛教书籍杂志，佛教艺术品等，其收藏之富和搜集之广，全欧洲罕有其匹。而且又出版有佛教著述多种，如《世界意识的佛教》和《伦理体系的佛教》等。同时以精舍作为实验佛法修持的禅定道场，并非纯谈学理，而且颇重行证，诚为欧洲佛教注重修行的先导。

此外，有名的佛教学者，尚有奥斯特、盖格、格林、冯·勒科特、格拉泽纳普等人。

法国

法国人对于佛教与东方文化的研究，实自大哲学家尤金·鲍诺夫所倡导，而开西方文化的新纪元。鲍氏于一八〇一年生于巴黎，擅长东方文字语言，如巴利文、梵文、波斯文、古楔形文字、富罗那文字等，无不精通。他代表性的著作，有《印度佛教史导言》一书，是根据在尼泊尔所发现的一百七十余部佛教梵本，故作释迦佛传及佛教教理的研究。内容包括大乘经典的精华，如《般若》、《楞伽》、《华严》、《金光明》、《法华》诸大乘经典。他又翻译了《法华经》的全部，开欧文翻译梵语佛教经典的先声。鲍氏的门弟子中，最负盛名的佛教学者有密有罗、塞纳尔特等人。塞纳尔特校订了大部的《佛本行集经》的异本原经，又依大乘原经，著有《佛传论》等书。巴黎大学教授夫西尼氏，著有几种关于大乘佛教艺术的著作。另外又有夫爱耶氏，将四阿含中的《杂尼柯耶》校订出版。

此外，研究东方学术，尤其对佛教学术及印度文化最具权威的有莱维博士。著作中有关佛教方面的有如：一九一一年出版的，无著所造的《大乘庄严经论》的梵文本和法文译本；称友所造《阿毗达摩俱舍释典第一品》；世亲所造《唯识二十论》、《唯识三十颂》，以及安慧所造《唯识三十颂释论》等梵本和法文译本，都在一九二六年出版。他又编纂了法兰西语佛教辞典，并且还计划编辑《东方佛教国的佛教音乐大成》等。另外，有日本佛教学者与法国佛教学者共同策划的，一所规模宏大的日法佛教会，正在欣欣向荣，朝前迈进。

美国

美国人的研究佛教，对欧洲人研究佛教，实在有很大的贡献。其初著有成绩的，首推亨利·克拉克·沃伦（Henry Clarke Warren），他在公元一八九六年著有《佛经选译》（Buddhism in Translation：Passages Selected from the Buddhist Sacred Books）一书。其后埃德蒙兹（A. S. Edmunds）在一九〇二年著有《佛教书史》（A Buddhist Bibliography），并且翻译了《法句经》（Hymns of the Taith），哈佛大学教授莱曼（ Charles Rockwell Lanman）主编的《哈佛东方丛书》（Harvard Oriental Series）其中收有《阿含经》，以及其他的佛教典籍多种。另外，还有保罗·卡卢斯（Paul Carus）著的《佛陀的福音》（Gospel of Buddha）等等。

一八九六年，印度、斯里兰卡的佛教复兴运动者达摩波罗到美国创立美国大菩提会，在纽约市建立大菩提会所，每年五月四日，集合世界各国旅美人士，举行盛大的释学纪念大典。美国东部如加州等地，有日本侨民一二十万人，以日本各系的佛教，如真言宗、真宗、禅宗、日莲宗等，也都在各地从事教化和社会的活动，并且逐渐引起美国人对于佛教的信仰。近年以来，美国人已有出家为佛教徒的僧尼了。夏威夷州所居住的日本侨民为数也很多，日本佛教布教所及寺院的建立，已经有一二十所，其中以真宗本愿寺派弘扬最有成果，所有皈依的美国人已日渐增加，并且设有佛国研究会。近年以来，佛教团体与寺院的设立，更加发达。美国人到日本留学，研究佛教学术思想的，也愈来愈盛，尤其对于禅学的研究，更有兴趣。

此外，如巴西等国，因日本侨民的移殖，佛教也日渐发达。日本人对于掀起第二次世界大战的祸端，应负无限歉然的内疚，但战后对开始推广东方文化西度的工作，给予西方人在物质文明的苦闷生活中，增加额外的精神食粮，有意无意间，似乎有几近补过的作风，殊为可嘉。自我反省之下，国人对此，实多缺憾。

俄国

一八八七年，俄国佛教学者伊凡·米纳耶夫（Иван Павлович Минаев）出版他的名著《佛教论》。一八八九年，又刊行《菩提行经》的原典，这是佛教在俄国初期发展的情形。其时，可与英国里斯·戴维斯的巴利圣典协会媲美的，便是以奥尔典夫哥为主的俄国学士院，及其附属的大乘佛教出版会。一八九五年将未刊行的梵语佛经多种校订出版，称为《佛教文库》。刊印主要的佛经，有一八九七年至一九〇二年斯·宾达尔（Cecil Bendall）校订的《大乘集菩萨学论》；一九〇一年至一九〇九年夫伊劳所出版的《护国尊者所问经》；一九〇二年斯佩尔所出版的《撰集百缘经》，他是精通佛学的因明学者；一九〇三年瓦莱·蒲辛（Vallée Poussin）的《龙树中论本颂》，并且附有同样的《释论》，《中论》释义；一九〇八年至一九一六年凯尔恩（H. Kern）和南条文雄共同研究的《妙法莲华经》等。到了一九一七年俄国大革命爆发以后，佛学的研究，也从此"扼杀无论"了。

结论

佛教在亚洲各国，它仍然存在有传统的威望，时代的潮流在变，佛教也正在变中，将来佛教变成如何的宗教，现在还难以预料。不过，从宗教的立场来说，亚洲大部分国家，还是佛教的天下。尤其东南亚各地的佛教，虽然对佛教学术本身，仍只限在小乘思想的范围，甚至还是神佛不分的混同现象，但以佛教号召的旗帜，还是很鲜明。我之能来，敌亦可往，默察东南亚佛教的大势，令人有不胜隐忧之慨！近代以来，欧洲人的信仰或研究佛教，都以东南亚的佛学思想作蓝本，美国在现代，由欧洲传入，又渗合日本后世的佛教思想，身为佛教第二宗邦的中国佛学，依然被人所忽视，或在有意的被轻蔑之中，想是中国佛教徒的高明之士，一般与有同感并应深加警惕的！

欧美佛教传播的情形，既已略如前述，在这廿世纪的前半个世纪以来，许多人听说英美人士也在研究佛教，就眉飞色舞，认为中国的佛教已传播到了西方，引以为荣。或者认为欧美人的研究佛教，有科学的精神，比中国自己的佛教更好，准备欣然就道，前去留学研究。这些盲目的心理，实在非常可笑，老实说一句，欧美人士的研究佛教，可能使佛学思想更有精细的考订，但并非就是正法重新的机运。而且现在正值开始播种，几时能够开花结果，总要等到二十一世纪以后再看它的成绩。今且举出五个原因，就可了解世界佛教的趋势。

佛经的翻译：佛教由印度传入中国，自汉末到隋唐，约四五百年间，才在唐代有了真正的果实。而且须知中国文化，早在秦汉以前，本身自有相当高明的成就，并非根基浅薄的暴发户，所以要想通过翻译而变成普通观念，这是谈何容易的事。况且翻译佛经，不比翻译普通书籍，首先要兼具两种不同文字的高度文学修养，其次还要已经亲自证到佛法修持的境界。单就兼通两种文学的高度修养而言，已经很不容易，何况还要有真修实证的证验工夫。中国过去翻译佛经的名宿，如印度人鸠摩罗什等，中国人玄奘法师等，以天才的语文学家，而兼有修证佛法的高深素养。然而他们还须仰仗国家的全力支持，设置数千人聚居的译场，专心从事翻译。一句一字的斟酌，往往反覆辩论数月之久，才能定稿。而且隔一个时期，若还有人认为译义未妥，便重新再来翻译，所以一部佛经，往往有好几种译本的不同，经数百年后，某一译本，才被公认为可靠的信典。欧美人士，以各种不同的语言，经过几年或十余年的研究，用本土习惯性的思想，说是客观，实在是作主观的研究，以一人之力，即遽加译述，究竟可靠到何种程度，实在很难说。即使由中国人去翻成外文，仍然需要具备上述的条件，才能做到。所以现在欧美所翻译的流行佛经与佛学思想，我们势须小心求证，此其一。

佛学经典的根据：欧洲人士所传承的小乘佛学思想，他们所发现的梵文本，多是印度后期佛教的梵本，与千余年前释迦佛或阿育王先后时期的梵文，已有很大出入，必须要与中文各种译本相参校或考订，那才比较可信，而现在欧美译经并未经过这项工作，甚至还有不重视中文佛经的趋势。况且西洋文化，自希腊前史而形成今天的欧美文化，它本身也有数千年独立的文化传统，不能不加领会，此其二。

佛法的修证：佛教学术，不仅只属思想，它的学说，固然有类同于西方哲学思想的形态，但它的修证方法，是反求诸己，而不是像对自然界加以研究的物理方法。佛教初入中国，如佛图澄等，都以亲自修证有素的神通作证，才使我们相信接受。现在不自求证于己，单从文字思想去弘扬推广，自然流为一种东方思想体系，于佛教度世精神，减色不少。且对西方人实事求是，拿证据来的要求，将以何为对，此其三。

禅宗的传播：禅宗的宗旨，本为教外别传，不立文字的法门，其实质重在修证。唐宋以来流行的禅宗法语、公案、机锋等等，已与中国文学及中国通俗方言，不可或分。到了日本，约当中国元明之间，已经变质。目前无论中国与日本，谈禅者多，修证者少。以中国人研究禅宗，对古代文学词章等造诣不深，或不了解唐宋时代的韵声与各地的方言，已经有许多隔膜和扞格难通之处。现在欧美以一变再变的禅学，在一花一叶之间，心领神会其轻松幽默的意境，便认为禅就是如此，我们自己不能反证，也随声附和，不加纠正，误处恐无有底，此其四。

佛学定慧的传授：印度教的瑜珈术和西藏密宗的修身方法，正交互流行于欧美，一般人相率传习，作为一种东方神秘的健身运动，甚至和催眠术混淆不清，真正佛法的禅定，不要说根本没有传过去，而且自己人也大多数不会，徒以求取虚誉而西度教化他人，误人乎？误己乎？为佛教吗？为个人吗？真须深加反省和检讨，此其五。

因此，我说欧美各国的佛教，在二十世纪后期，正在开始传播阶段，想必不会为过吧？《易·序卦》说明夷与家人有言："进必有所伤，故受之以明夷，夷者，伤也。伤于外者必反其家，故受之以家人。"为了佛教文化，为了中国文化，凡我国人，应当瞿然自省！

第五章

二十世纪的佛教

第一节 清代以来佛教的衰败

宗派的没落

师僧和寺院的变质

宗派的没落

自十六世纪的中叶，清朝入关以后，佛教虽然仍被敬信，但是清廷为了笼络蒙藏地区边疆民族的关系，对密教的佛法，尤极尊崇，这自元朝以来，已经相沿成习，且为国家政策的一贯传统。内地的佛教，自雍正以后，禅宗一派，在丛林制度的庇荫下，其法统的传承，有形式的保留，但实际上，已是一蹶不振，只有净土宗还能保持昔日的阵容，普遍流传于民间社会。此外，如天台一宗，也是若隐若现，不绝如缕。华严、唯识等宗，大多已名实不符，附和于禅宗、天台、净土三宗之间。这是当时佛教的一般概况。

我们如就佛教学术的盛衰，及其学术的立场，严格说来，到了明末清初阶段，佛学在中国的学术思想史上，已经盛极而衰，而且因理学的阳明之说大行，明末少数的禅师和法师们，虽然身为僧众，有些还是从阳明之学才理解到佛法的心要。所以，从清初到以后三百年间，（一）士大夫们，竭诚致力于匡复大业，大多专志于经世实用之学。出家的师僧们，在佛学见地上，又无特别的创获。所以佛学在知识分子间，不能再有唐宋以来的声望。（二）佛教本身，人才衰落，极少有如唐宋高僧的嘉言懿行，以为风世的楷范。到了清朝中叶以后，许多号称禅宗的大和尚们，为了虚誉，为了留传，甚至还以鸦片、烟、酒，笼络当时落第的秀才，剿袭历代禅师的语录，闭门虚构一些也是所谓“语录”的“传家之宝”，吩咐后代法子徒孙，争取编入《大藏经》，以为光荣。比较稍具学识的名僧，则又竞相入京，奔走权门，纳交官府，一意攀高结贵，希望求得皇帝的封号。如果能够得到一纸诏书的敕封或称号，便可以国师自命，而夸耀于善男信女之间。所以民间俗谣，便有“在京和尚出京官”的感叹了。这种风气，由明末开始，到雍正时代，已经相当严重，因此雍正一再下诏，切责师僧们不必学习诗文，一心只想以文字因缘，与士大夫们来往。他说：“你们作诗再作得好，总也比不上我们翰林学士们，既然出家为僧，便应努力修行证果，何苦与文人们争取文名呢！”这些倒是很诚恳的老实话，决不能因人而废言了。有清一代，专重真参实证，以打坐参禅相标榜的，只有南方的金山寺和高旻寺两大名刹最为有名。他如天童、育王诸寺院，比较已在其次。

师僧和寺院的变质

因为唐宋以来丛林制度的遗荫，全国各地，无论庵、堂、寺、院，都有相当的私产，如山林，如寺田，产业数目，相当可观。民国初年，有人做过初步的调查，认为如果集中全国的佛教寺院财产，大可富埒天主教，可与罗马教廷的财富相媲美。虽然调查未必准确，然其资财的富有，为不争的事实，由此殆可以想见一斑。但自明末以至清代，这个本来完美的制度，已经产生很大的流弊，全国各地，除了少数几个有名的大丛林寺院，还是保留它的“共有”“共享”制度，而为公天下的“十方丛林”以外，有些地方寺院，已经一变而为“子孙丛林”的私天下了。所谓“子孙丛林”，便是师徒历代传授法统，同时也授受了本寺资产的管理权。如果一师数徒，他们也同世俗人家一样，分为数房，如大房、二房等房份，以次递分，争权夺利的事情，也处处可见，因此师僧结交官府，称霸一方的也不少。除了“子孙丛林”以外，在教内的术语，还有“小庙”，“小庙”的南方僧众，又有“禅门”与“应门”的分别。所谓“禅门”，讲究清修；所谓“应门”，专作佛事。他们念经拜忏，乃至荐亡送死，藉此赚些报酬，聊资糊口。至于招收皈依弟子，造成信众的派系等，已经不在话下。我们回溯往史，释迦佛昔以充满慈悲的宏愿，创为救世的佛教，如今已是自救不暇，衰颓到了极点。所有宗教，大约都不许违背良心说谎话，所以我写到这里，也只好实话实说，俾明大概，以为有远见的佛徒们，对佛教的兴衰成败，作一策励的检讨和反省的惕勉。

第二节 清末民初佛教的复新运动

中国的佛教，自隋唐以后，便已成为中国文化中鼎足而三的儒、释、道三大主流之一。因随历史演变，由于朝代的递嬗，而有盛衰的起伏，直到上世纪末和本世纪的现在，这个递延原前，还是一仍旧贯，好像并未更变，在近代史上，自中英鸦片战争开始至中日甲午战争以后，中国因为受到一连串丧师辱国失地赔款的惨痛教训，使安贫乐道袭故蹈常的国人，深受外来刺激，这才一梦惊醒，从此便注视西洋文化，渐渐对于西洋文化思想，也转变观念而加以探究。跟着，西洋文化就相继进入中国。而初期来华的各国教士，他们一面宣扬天国的福音，一面传播西洋的学术，究其行动背景，不无侵略色彩，所谓文化侵略，原系挟其帝国势力而来，这在当时情况，也是势所难免。清廷国势衰落，既已暴露无遗；同时西洋人根本也不明白中国几千年来的文化遗产究竟有些什么，所以把中国人也一律看作落后地区的野蛮民族一样，这种歧视扞格之处，到目前为止，中外两方，还没有充分了解和完全消释。这是东西方人类文化交流史上一大障碍，因此障碍而造成西洋人在中国人的历史地位上，有了许多难以估计的损失。现在虽然于发掘研究之余，渐有较佳的体认和好转的迹象，但其前途的成就，还待历史的考验。

我们对于文化历史，有了整个认识，然后简单述说二十世纪的佛教，才能顺理成章，可以鉴往知来。兹就“二十世纪的佛教”，试论撰为：（一）中国佛学的复新；（二）中国佛教的演变。分述如下：

中国佛学的复新

关于中国佛学的复新，就事论事，首先应该归功于佛学大德的学者、居士们。因为在上世纪末和本世纪初，肩负佛教传统家业的僧众们，也如清朝政府一样，都是不明世界大势，闭关自守，故步自封的一般人物。只有知识分子的学者、居士们，随着时代潮流转变，因温故知新，才能开启这个复新的机运，而开启此一复新机运的耆德元勋，如所周知，毫无异议的，首先应推石埭杨仁山先生。仁山先生，名文会，安徽石埭人，近代学者尊之为杨仁山大师。他的祖父与清廷中兴名臣曾国藩为同年，他在十几岁时，便随祖父见过曾国藩前辈。曾文正公当时一见便加赏识，劝他努力功名，他对文正公说：我不要求异族的功名。文正公只好一笑罢了，从此便很留意他，后来还吩咐他的公子曾纪泽，好好培植这个人才。到了曾纪泽出使欧洲，便请他帮忙，担任参赞的名义，实际上由他大权独揽。他在游历欧洲的阶段，极力留心科学。后来又到了日本，他得到日本佛学家南条文雄的帮助，使他发现了许多唐宋遗留在日本的佛学宝典。回国以后，便绝意仕进，立志毕生弘扬佛学。后来舍宅刻经，与他的弟子欧阳竟无先生，在南京成立著名的金陵刻经处，弘扬佛学的事业。所刻佛经与佛学要籍的版本，必力求精审，广事搜罗，详加厘订。一时风声所播，举如戊戌政变中名列六君子之一的谭嗣同，现代文化启蒙导师梁启超等前辈，乃至国学大师章太炎先生等，也都深受影响致力佛学。总之，仁山先生在清末民初之间，名重公卿，震声朝野，但始终为弘扬佛学而努力，毕生以居士身应化众生，可谓稀有难得。

后来继承杨仁山先生弘扬佛学的事业，有欧阳竟无先生，先生名渐，宜黄人。与李证刚先生等，皆游于仁山先生之门，可以说是佛学的巨子，佛教的龙象，学者亦尊称之为大师。他继仁山先生遗志，创办有支那内学院，专门阐扬佛学的般若、唯识之学。从他门下的，有出家的法师们，有在家的学者们，如吕秋逸、熊十力、王恩洋、梁漱溟、黄忏华等，都是他的弟子。目前许多学者，大半也是他的再传弟子，或是间接受他影响的。内学院在抗战时期，迁移到了四川江津，竟无先生也在四川逝世。内学院所刊印的佛经及序文，都是辞章典丽，考据精详的杰作，这又大都出自吕秋逸先生所手订，他曾遍考梵文、日文等版本，其态度的谨慎，可以想见。这时在北方并以佛学大师出名的，还有韩清净先生，所以一般学者，便有“南欧、北韩”之称。

由杨仁山、欧阳竟无先生阶段，时代已经转入民国，也正是二十世纪的初期。受仁山先生一系的影响，在京沪一带专门从事佛学的弘扬事业者，便有丁福保先生的编纂《佛学大辞典》，和梅光羲先生讲述唯识，还有聂云台先生的护法，马一浮先生的创办复性书院，融会三教理论，专主禅理与儒家经学合参的门风，自成一家学系。但是可以认定，那些都是因为杨仁山先生直接或间接启发的关系。总之，到了民国初年，二十世纪的初期，中国学术界，对于研究佛学的风气，显见一反常态，特别勇猛精进，方诸雨后春笋，向阳花木，大有竞艳争发，茁壮滋长之势。这种风气，延续发展有四五十年之久，后来因种种原因而式微了。

大凡一种学术风气的形成，必然有它时代意义的背景，即其前因后果，所谓法不孤起，决不会无故幻出空中楼阁的。准此以论，关于二十世纪之“中国佛学的复新”，以及“佛学思想的趋向”两课题，同样也会附属于一般法则，而有它势所必然的因果律的。

第一、有关中国佛学复新的答案，质直的说，实在是受西洋文化思想刺激的反应。因为十九世纪的末期，中国人为了注视西洋文化思想，先由学习自然科学而发现西洋的人文科学和政治思想，因此便源源输入西洋各种政治主义的理论，新思潮便勃然而兴。为了探求政治思想，自然而然便要追寻领导政治思想的哲学，所以自希腊以来，西洋的各种哲学学说，也就源源而来。尤其此时新兴的唯物主义思想，有如滔天巨浪，淹没一切。这种新思潮的进入，促使中国历史起了革命性的转变，一般知识分子，在学术思想上，因袭宋明理学，或者向来关门闭户，自寻烦恼的搞他三教异同的学说，忽然面对新进输入的西洋各种哲学理论，仓卒之间，便有瞠乎其后的错觉。因此一般富于民族意识，而且比较保守，又有较深国学修养的青年知识分子，在潜在的意识里，无形中便产生一种抗拒的力量。但反躬自问，传统的儒家学说，三千年来，一直被锢闭在道德伦理的圈子里，要想以纯粹思想，超越于西洋唯心唯物的哲学理论，便有理屈辞穷，难以发扬阐明之感。所以此如胸怀大志的杨仁山先生之流，到了日本，一经接触唯识法相宗的思想，发现其中涵有至高无上的形上哲学理论，可以统率唯心唯物的思想，而其井然不紊的因明逻辑，以及道德伦理，乃至身心修证等学理的致密，抑且概所包容；于是便有“道在是矣”的感觉，不期而然的便投身于佛学的法海，发出觉世救人的大悲宏愿了。自此风行草偃；凡是学问渊深，是非今古之间的学者，也就向慕不已，一时趋之若鹜，而风靡了中国的学术界。在另一方面，比较倾向西洋文化的学者，当然也为数不少，至于主张调和论者，自亦大有人在。此系题外，可不具论。

第二、有关佛学思想趋向的答案，老实的说：他们动机开始，原是要以佛陀的学理来统领东西方的哲学思想，后来愈钻愈深，不知不觉间，自己便变成一个虔诚的佛教徒，无形中走入宗教的不二法门，自然对于明清以来衰败佛教的本身，发愿要求整顿。因此弄得既不能救世，又无暇自救，结果还与佛教的出家僧众，无意中形成冰炭，势不相容，一直闹着“居士弘法为非法”的争论，所以更不能救起没落了的佛教，诚为可叹。例如杨仁山先生与欧阳竟无师徒二人，当时受佛教教内的歧视，几乎到了委屈不能求全，忍辱不能负重的为难境地，所以竟无先生后来在他的辟邪，昭正学说中，第六条目内，便有辨僧与居士可否弘法的谠论，由此可见当时杨仁山与欧阳竟无二位师徒间，所引起僧俗弘法的诤议，非常严重。这个问题，直到如今尚弥漫在佛教徒的僧俗之间，就佛教言，实在是一重大的内伤。

从此以后，支那内学院的学风，又启一新的方向，例如竟无先生的弟子熊十力等，因学佛而不成，复慨于觉世牖民之道，全仗佛学未必尽然，便自重理旧学，开创揉合儒佛思想融通的学风。熊十力便将易经学理与唯识法相同参。自著《新唯识论》等书，与其师竟无先生决裂分庭，自成一家之言。至于他对易学与唯识学造诣的程度，其实有待商量。但自竟无先生的内学院一系以后，所有文字写作路线，都是以玄奘法师翻译唯识宗的笔调为格式，因此晦涩难通，形成风气，使“五四”运动以后，介于新旧文字的知识青年读之，大有高深莫测之妙。于是自杨仁山先生至欧阳竟无再传而至熊十力以后，所谓“新儒家”、“新理学”的思想又形复活了。

中国佛教的演变

由上节所述中国佛教的复新，就可以了解二十世纪初期，清末民初佛教的机运。这时出家僧众的佛徒们，虽然也已受到时代的压力，但他们始终还过着山边林下，“日出而作，日入而息，帝力于我何有哉”的寺院生活。其中既乏唐宋时代足以领导学术思想的禅师与法师们，对于时代的趋势与世界情况的转变，不但茫然，而且根本不闻不问。到了民国元年（公元一九一二年），清帝逊位，民国肇造，袁世凯包藏祸心，阴图帝制，佛教本身，又鉴于外来宗教等有组织、有计划的传教行动，同时受政治思想的影响，才由当时享有盛名的诗僧八指头陀发起，召集全国僧界代表，在上海留云寺，创立“中华佛教总会”，议定章程。正当这个佛教会的组织呈请政府，尚未蒙批准立案的时期，袁世凯政府的内政部礼俗司方面为了妥筹帝制经费，一眼便看中了全国佛教的寺产，所以在民国二年，便有提拨公私寺产的案件发生，八指头陀为此进京力争，始终不得要领，便愤激而死。因为盛名诗僧的以死力争，才由他生前的诗友们，如熊希龄、杨度等八人，对袁世凯加以关说，因此“中华佛教总会”的章程，才经过国务院审定公布，佛教寺产，赖以稍安。八指头陀，湖南湘潭黄氏子。法名敬安，字寄禅。少时孤贫，为人牧牛，未读书，不识字。常与王湘绮先生等当代名士为方外友，因苦行修持，忽然有悟，最初作出了“洞庭波送一僧来”的名句，如同宿构，湘绮先生等极为欣赏，从此便以诗名，以后历任国内名刹方丈，望重诸方。此后，国民革命尚未完全成功，自推翻袁世凯以来，又进入军阀割据的局面，兵燹余生，国内名山古刹，日渐侵凌，以为军阀兵马驻屯之地，大有“天下名山兵占多”的情况。这段时期，八指头陀的弟子中，能够续承遗志，而且比较具有现代知识的和尚，便是太虚法师了。他在后来的几十年中，不惜被人骂为“政治和尚”，决心为护教而努力，屡次整顿中国佛教会，创办僧众教育的学校，出版《海潮音》等刊物，实在为当时中国的佛教，做了许多值得敬重的事情。

太虚法师，浙江海宁张氏子，幼孤，十五岁即出家。潜心修持，善为诗文，故得结交当时诸名士，三十岁时，受革命和尚华山、栖云两人的影响，即参加广州方面国民革命工作。武昌起义，全国光复，法师觐见国父，并在金山寺组织佛教协进会，志欲整顿当时中国的新佛教。因此在当时佛教界中，便有革命新僧太虚大闹金山寺事件，名震一时。民国初年，又潜心修持，闭关于普陀锡麟禅院。此后三十年来，悉心致力于佛教的革新运动，到处讲学弘法，并主办僧众教育等事业。世界佛教联合的运动，也由他所首倡，民国十二、十三年间，他在庐山即独标世界佛教联合的宗旨，有日本名僧，及日本佛学名家木村泰贤等与会，同时也有英、德、法、芬兰等国佛教徒参加。后来他又到日本各地讲演过佛学。此后，拟办中华佛教大学，世界佛学院等壮举，都因限于经费，未遂所志，而不果所行。在第二次世界大战的先后期间，他办过厦门闽南佛学院、武昌佛学院、汉藏教理院，作育新佛教的僧才，确也培植了许多出类拔萃的学僧，例如弘法与留学斯里兰卡的名僧法舫，就是他的得意弟子之一。战后，曾组团率众访问过东南亚各佛教国家。他的一生，对于整顿和振兴佛教的愿望，虽然尚未普遍见诸事实，但其愿力志事，的确值得钦佩。平生著作等身，纯疵互见，而其思想却极为新颖。他主张“人间净土”，常有“仰止唯佛陀，完成在人格。人成即佛成，是名真现实”的口号，这是很具气魄也很有见解的新中国、新佛教的维新精神，应该算是他一生的名言，可供今后佛教徒的启发。此外，他主张发起世界宗教联谊会的运动，而且亲自参加其事，的确颇具远见，现代佛教界和许多教外人士，对他颇有微辞，甚至认为他是热心政治，或过于好名，其实都非定评。他实在可以说是一个苦行僧。我所谓的苦，是他的心志很苦，他想振兴佛教，热爱国家，那都是出于一片真诚。而他正生当新旧思想的交替和民主政治的新阶段，他过于热情，尚不能完全了然于世界大势，又缺乏真正的政治见解；对于积习深重的中国佛教，不循渐变的途径，想用革命的方式，促使骤变，所以弄得有愿未偿。例如，他所创办的新僧教育，影响也很远大，北伐成功以后，各省县市不但都有佛教会的成立，而且大多数县市也都有佛学院等的成立，间接直接都曾受他新佛教运动中僧众教育的影响。但新僧教育的结果，佛教师僧们，对于新时代的普通常识，比较增加认识，而对教义和修证佛法的功夫，反而愈来愈差，不如当初了，这实在也是新僧教育制度上一种最大的遗憾。

自八指头陀到太虚法师，都是适应时代需要，延续佛教慧命的先哲，这在现代佛教史上，应该可算为可敬的佛弟子，毕竟功多于过，是值得大书而特书的人物。此外墨守成规，依照佛法而以修持行为作一代规模的，在净土宗有印光法师；天台宗有谛闲法师；律宗有弘一大师；禅宗有望重山斗的虚云老和尚，还有号称当代禅门龙象峨嵋金顶的传钵和尚、万县钟鼓楼的能缘和尚、苏州穹窿山的道坚和尚、扬州高旻寺的来果和尚，这几位还都能保持宗风，卓然独立，而为佛法中的中流砥柱。这许多佛教耆宿，也都是当代的佛教大师中，品德庄严，或学问渊博的代表人物。由清末到民国三十七、三十八年间，他们后先辉映，将近半个世纪，对于佛教风气，与知识分子及学佛人士等的影响很大。乃至男女老幼，名公巨卿，贩夫走卒，或多或少，直接的或间接的，都受过他们的感召，他们维系世道人心，默然辅助国家政治教育的不足，可谓功不唐捐，实在未可泯灭。除了上述的高僧名宿以外，各省各地也都有若干德行可风的和尚们，一时难以尽述。在以上所说的这许多高僧当中，尤其以印光、虚云、弘一三位大师声望之隆，名高一时。印光大师原是清末宿儒，在他未出家以前，本来也是崇尚理学，排斥佛教，出家以后，以平实教人，常以儒家孔孟做人的道理，作为学佛的津梁，以老实念佛为究竟的法门。他的文章言行，充满仁慈的气韵，有《印光法师文钞》等著述行世。虚云老和尚，更为万方景仰的大德，他的言行，自有专集流通于海内外，不必另作介绍。弘一法师，在未出家以前，以名士、才子，而兼艺术家，举如书法、绘画、音乐、诗词歌赋等，无一不精，而且飘逸出群。他出家以前的风流韵事，流传沪杭和东瀛日本的也不少。出家后，苦行勤修，一衣一钵，严持戒律，使人望而起敬，曾在福州、泉州、厦门、温州等地，住过相当长久的时间。他的俗家弟子，有名画家丰子恺等，都受了他的感召，毕生作画，为弘扬佛法的慈悲戒杀而努力。此外，在南方江浙一带讲经说法的法师们，著名的有圆瑛、慈舟、应慈等法师；在北方，有倓虚老法师；在川滇，有昌圆、戒尘老和尚，同时都是倡导净土宗念佛的高僧。较为后起，弘扬东密的，有持松、超一等法师。弘扬藏密的，有能海、法尊等法师。此外，在民国初年以迄现在，由章太炎先生与“南社”诗人们的烘托，擅长鸳鸯蝴蝶派的文字，以写作言情小说如《断鸿零雁记》等而出名，行迹放浪于形骸之外，意志沉缅于情欲之间的苏曼殊，实际并非真正的出家人。他以不拘形迹的个性，在广州一个僧寺里，偶然拿到一张死去了的和尚的度牒，便变名为僧。从此出入于文人名士之林，名噪一时，诚为异数。好事者又冠以大师之名，使人淄素不辨，世人就误以为僧，群举与太虚、弘一等法师相提并论，实为民国以来僧史上的畸人。虽然，曼殊亦性情中人也。民国以来，佛教的活动，大概便是如此。但从显密两个角度来说，这些都是现代佛教显教的事迹，在密教方面，也另有一番风貌。

当民国缔造的初期，全国人士遵从国父孙中山先生民族主义的号召，大家都了解汉、满、蒙、回、藏五族一家，都是炎黄子孙，因此沟通汉藏文化的风气，便应运而起。在政府方面，对于元明清三代以来就被崇敬的蒙藏地方的佛教或盛典，如达赖、班禅、章嘉大师等的名号，也循例尊封他们为呼图克图。举如班禅第十世、达赖第十四世，两位活佛的转身坐床大典，在国民革命北伐成功，到第二次世界大战，中国抗日战争以后，国民政府曾特派大员参加主持盛典，锡封如故，荣宠有加。而章嘉十九世，先后于抗战戡乱期中之入川与来台，历任国民政府的高位。民国初年在北平，抗战时期在四川，都有西陲文化院的组织。因此从民国初年以来的三四十年间，西藏密教各派的高僧们，亲来内地弘传密宗教法，和内地的法师居士们，趋赴西藏求法的，互相往返于康藏之间，彼此行旅之众络绎于途了。其初西藏的喇嘛来内地弘法的，有白普仁尊者、红教的诺那活佛等；后来有白教的贡噶活佛，花教的根桑活佛，黄教的东本格西、阿旺堪布等，他们过去都是寸步不离康藏，自民国以来，便都亲来内地传法了。中国佛教，对于西藏密宗的佛法，自宋元以后，一直保持神秘的观念，即使学习密宗教法的，也大都限于历代帝王的宫廷大内，民间却极少流传。到了民国以后，神秘的封锁界线一旦开放，普通一般学佛的人们，忽然接触到这些向来被视为神奇的修持方法，便有晕头转向的趋势，许多崇拜神秘的人们，认为除了藏密才有真正的即身成佛之路以外，其他的佛法，虽然不敢一律鄙视，至少也有不堪一尝的意思。其实真正研究佛学的人士，稍一留心印度后期的佛教思想，以及对印度宗教哲学，如婆罗门、瑜珈术等一有接触，就可了解所谓密宗神秘的根源，和它哲学理论的基础了。可是学密的风气，在民国初年到第二次世界大战结束之际，在中国佛教界，大有日趋兴盛之势。今后佛教的复新与生机，便有待于时贤及后继者的无畏精神和不断努力了。

总结论

历经两千余年传承一贯的佛教，在过去，对于中国和印度的学术思想、政治、教育，都有过辉煌的功绩。到了中国以后的佛教，自魏晋南北朝，历隋唐以后，一直成为中国学术思想的一大主流，而且领导学术，贡献哲学思想，维系世道人心，辅助政教的不足，其功不可泯灭，推开后世佛教徒偏误的流弊而不言，仅从大处着眼，可以赞许它是哲学的哲学，不教的宗教，一点也不为过。至于它的流弊所及，有许多地方可以被社会所指谪，都是积非成是的佛教末流，对于真正佛教的教义和它的伟大精神，并不相涉。但依照目前中国佛教，和东南亚各地佛教的作风，前途未可乐观，而且值得忧虑，佛教界的人士们，虽然人人有感于将来适应的可畏，依然犹是积重难返，无法改弦更张。爰就其目前情况，试举六点结论，以供现代佛教的参考。可是这些言论，只是随笔写来，还谈不到有所建议，更不是有所为的批评，只是一舒感想而已。

一、佛教的命运：自教主释迦佛以来，便创四众弟子的制度，出家的男众比丘——俗名和尚，女众比丘尼——俗名尼姑以外，还有在家的男众和女众——俗名统称居士，或加上男女两字以示性别。释迦佛以住持（负责）佛教仪范，弘扬佛法的任务，咐嘱于比丘众。以护持佛教的责任，交托给国王、大臣、长者、居士，作为扶持佛教的护法。因此在中国、印度、日本等国家，历代世世相仍，佛教的命运，都仰仗政权与社会名流的维护。到了十九世纪末期以后，民主政治的制度，推翻数千年来帝王政权专制政体的陋习，佛教徒对民主自由的认识不够彻底，对法治的法律知识不够了解，仍然依草附木地去攀缘于社会人士，或仰赖残余的旧式政权之间。从今以后，由二十世纪到二十一世纪的新阶段，还要一仍不变的仰人鼻息，以维衰命，不自寻求所以立于新世纪的路线，恐怕命如悬丝，危同累卵了。

二、佛教的经济：两千余年来的佛教，无论在中国、印度或日本，向来便在农业社会中求乞剩余，用以维持自己的生命，对于宗教集团本身的经济观念，从来没有做过考虑，况且动辄以戒律为当头棒喝，使教内有识之士，也不敢提出主张。只有中国的佛教，在唐代经过禅宗丛林制度的建立，才有略具规模的宗教集团，类似集体农场制度的产生，这种制度，以后也随佛教形式和教义，传到日本。但在目前，受资本发达，工商业剧烈竞争，社会经济结构整个变迁的影响，全仗旧有农业社会的生产方式，已经不能自全生计，何况还不能自力更生，依靠托钵募化为务。今后还要想以这种附属生存的方式，用以维持佛教，恐怕不待别人的消灭，就根本无法立足。

三、教徒的团结：世界任何宗教的宗旨，本来都是主张个人自由的真正自由主义者，除了西洋的宗教，早已另有宗教行政的了解，自有一套具体的组织法规以外。佛教的个人自由主义，可以说已经自由到了极度，一变为绝对自私的程度，至少在形式上是如此的。如果说中国人都缺乏团结性，我想中国佛教徒的不团结，足以为中国人不团结的标本取样。到目前为止，向来内在的僧俗弘法之争、以个人师僧为标榜的徒众权利之争、门户派别之争、居士众中自我崇高之争、传法的优劣之争，甚至琐碎如衣着之争等等，不一而足。释迦佛在世，素来以僧伽为和合互敬的教训，到此自毁自败，一破无遗。倘使还不自省自救，只想避世高蹈，恐怕在二十世纪以后，便无可立于天地之间了。

四、教育学识的条件：过去佛教在中国的兴盛，全赖师僧们学问知识的渊博，品德修持的规范，成为上下社会普遍崇拜的偶像，因此才形成了佛教的崇高与伟大。可是这些大师们的学问与知识，大多都在未出家，或已出家的初期，对于普通学识，已有高深的修养，然后配合佛学的精义，才能成为一代宗师，而且他们本身也就是真正的教育家。现在呢，受过普通的教育程度，已嫌不够，只要披上袈裟，能讲几句佛理和解释一些佛学名辞，便自视为天人师表，实在急需反省求学，力求充实自己，才不愧对高深渊博的教主。过去在印度的后期佛教，便提倡大乘菩萨，自身须具备有五明的学问：（一）内明（由修道而悟道）。（二）因明（精通逻辑，到现代还应该包括各种宗教哲学和其他人文科学等）。（三）声明（各种文字学与文学）。（四）医方明（擅长医药）。（五）工巧明（具备工艺技术，到现在应该包括技术科学等技能）。时到二十世纪的后期，教育、知识的普及，日益普遍，如不立即反省，急图充实自己，向来以天人师表标榜的佛教，恐怕难以自圆其说吧！目前虽然也有许多地方，举办僧众教育，但必须谦虚了解，教育是百年大计，以一个外行，甚至自己根本不懂教育，或者只知宗教教育的人来办教育，恐怕一误再误，不可收拾。他山之石，可以攻错，谦虚接受教内教外的忠告，绝对是利多弊少的。

五、修证的缺乏：佛学教义，除了哲学思想的超人一等以外，最为重要的，它不是空谈学理，它是要以人人身心为实验的条件，去身体力行，这样躬行实践，才可以求证到一个圆满的答案。因此，佛学的本身，以现代眼光看来，是最有科学精神，而经得起时代考验的，何况其中除了哲学思想以外，有关理论科学的原理原则，也非常充沛，只是这一丰富的宝藏，尚未被世人所大量的开发而已。目前的佛教，说理者多，修证者少，处在二十世纪的科学时代，有何见证可以使人肃然起敬呢！况且因为佛教徒的缺乏修证，即使说理，已经发现许多歪曲的理论，这是一种极其可怕，自毁教门的危机，应当切实修整观念，向自证自省去努力。

六、参政的趋势：在二十世纪民主思潮的风气中，世界上凡是开明的国家，对于宗教信仰自由，宗教团体的依法参政，应是毫无疑问的事实。但目前的佛教，对于大慈大悲的佛教宗旨，如何配合世界上各种政治思想与制度，确定一种政治主张的学说，毫无具体办法，只凭愤愤思进与跃跃欲试之气，以素来缺乏政治修养的习惯，企图跃上政治舞台，一展教主式大无畏的雄风，恐怕百无一是之处。这点尤其值得深思静虑，必须先求具有卓见的学识，再求立于不败之地而后可。

总之，未来佛学的前景，试以质能分析：如就宗教信仰来看，它的旧径路，似乎越走越窄；如就学术思想而论，它的新境界，必将愈拓愈宽。因为，它有宏博的宗旨，湛深的教义，智周万汇的思致，广大圆融的说理。何况，它的历史悠久，善信众多，在木鱼青磬，山中林下，不乏沉潜卓越先见明知之士，为了佛教，为了护法，似乎应该各抒所见，各尽所能，一本能仁堪忍的毅力，见义勇为的精神，来荷担如来的家业，重振佛教的雄风，以适应未来时代的潮流，争取未来时代的光荣。其实振衰起疲，端在念力一转，此诚笔者所为翘首盼待，馨香祷祝的了。

附　录

禅宗丛林制度与中国社会

丛林制度与中国社会问题引言

社会学里的社会

社会这个名称，是指各个团体之间，具有一定的关系，共通的利益，因此合作以达一定的目的，组织成为一个整体的集团。普通便把它用来指某一种同业，某一类同身份人的名辞，例如上流社会，劳动社会等。也有用以代表某一区域性的，如上海社会，汉口社会等。

当公元一八三八年间，法国学者孔德（Comte）便创了社会学这个名辞，他用以研究以社会为体的一种科学，从前我们也有称它作群学的。自经英国学者斯宾塞（Spencer）沿用社会学这个名辞以后，它就成为一个专门学科的名辞，凡专门研究社会的组织的，就叫作社会静力学（Social statics）；专门研究它的成长和发展的，就叫作社会动力学（Social dynamics）。它的研究对象，大体有三种：一、社会的本质，二、社会进化的过程，三、社会进化的原理。有的以生物学作旁证，有的以心理学来证明。

东西文化不同的社会

推溯一百年前，我们的历史文化里，根本便没有这个名称，也毋须有这一门学识的成立，这不能说：我们过去的不科学，只能说：过去的历史文化，无此需要，这就是东西文化的基本不同的精神所在。基于经济学的观点来说：我国向来便以农立国，地大物博，土广人稀；有的是天然的天材地宝，可以利用厚生，并不需要向外争取利源以养活自己。加以传统的文化，素来以安居乐业，乐天知命为祖训，因此人人只要重礼守法，完了国家的粮税以外，农村的社会里，鸡犬相闻，老死不相往来，是件很平常的事。宋人范成大的诗所说：“绿遍山原白满川，子规声里雨如烟。乡村四月闲人少，才了蚕桑又插田。”这样一幅美丽的天然生活图画，谁愿意熙熙攘攘，过那忙得忘了自己，专为工商业社会的生活呢？除了西北和北方一带的游牧民族，还过著“穹庐夜月映悲笳”的生活，所以还需要兼带掠夺性的侵略以外，大体我们的祖先，都是安于和平康乐的人生的。

在西方的欧洲则不然，他们没有像我们的历史一样，早先就经过一度像秦汉的统一局面，部落酋长式的蕞尔小地，便称为一个国家。既不能以农立国，更不能靠土地生产的经济，维持人民的生活。因此从盗匪式的抢夺之中，一变为国家间的侵略，由经营商业的远出贸迁，变为有组织的工商业集团，所以他们的每个社会，在在处处，都需要有组织。西方人的社会，由此成长和发展就很自然地成为人群生活的中心需要了。而且社会的主要开始目的，是由于经济的需求而来，所谓社会学上的社会制度，社会分化，都是渐渐的发生更多的问题所形成，例如社会运动，社会革命政策，社会心理学等等。他们一有了问题，就拿那一个问题作中心，把它分析研究，便变为一门学科，马克思、恩格斯们的社会主义，在西方的这种环境之下，就会很自然的发生。如果他们也生长在中国的农业社会里，很可能也会变成杜甫一样，感叹那“肠断江春欲尽头，杖藜徐步立芳洲。颠狂柳絮随风舞，轻薄桃花逐水流”，只作些“花落水流红，无语怨东风”等等悲天悯人的韵语了。西方的社会经济，进步到了现在，有欧美的科学化的工商业社会，而且已经由公司、会社、社团的组织，发展到各种各类的俱乐部，由经济剥削和侵略，发展到社会的福利经济。国家的法律，规范了组织。社会的组织，影响了国家的立法。不是从商业的市场竞争，演变成政治哲学的自由和民主第一，就是由经济政治的重心，认为社会主义的共产独裁第一。我们的历史文化，到了现阶段，也便恰当其时，卷入这个矛盾对立的世界洪流之中，亟待我们自己的努力，统一融会而坚强地站立起来。

宗法社会的辨别

假定从社会学的观点，来说明我们历史文化上的社会史迹，也有把我们过去的氏族宗法关系，叫它作宗法社会。严格地说来，这还是有问题的；因为社会，是基于共同利益，或共同目的、集体合作的一种组织。我们祖先的宗法社会，只是一种民族精神所系的代表和象征。它以不忘民族的本来源流，传承继续先人的祖德，要求后世子孙的发扬光大；它既不是有一种群体法定的组织，犹如西方的社会一样；更不是为了一种共同的利益，达到一个政治或经济上的目的。宗法，只能说是传统文化中心的“礼”的表现，这个礼，它具有相似于宗教性的，人情味的，是人类文化精神之升华，而且是性情和理法并重的。重性情，所以推崇天然，就轻视人为的组织。重理法，便讲礼义，裁定性情，使它合于人伦群体的活动。它与西方社会的只注重组织，是大有出入的。我认为人世间最高的组织，是由于人与人之间真感情的结合，所谓至性至情的流露。其次，才是如宗教一样的信仰，所谓崇拜的服从。再其次，才是法律和规范。至于从利害相关的集合，用权位生杀来范围，那是等而下之，等于市场的交易而已。凡事之不近于天然法则，违反人之性情的，没有不失败的道理，以社会学理的历史来讲，利害相关的组织，可能在社会史上，暂时占去时代的一页，但决不能争取千秋。

至于我们历史上的宗法社会，它的基本单位，就是家庭的家族。由家族和家族之间的结合，就是宗族。由宗族和氏族之间的结合，就是国家的社稷和宗庙。社稷、宗庙和宗祠，就是介乎人和天神之间的象征代表，贵为天子，还须畏惧天命，所以便当敬重社稷宗庙和山川神祇。如是普通的平民，不敬重宗族和宗祠，从礼仪为法律的中心观点而论，已经犯了大不敬的罪行，以传统文化思想的观念而论，便是获罪于天，得罪了祖宗神祇，应该是罪无可逭，便无可祈祷之处了。可是它在礼义传统的风俗习惯上，和国家的法律观点上，虽然有此成法，但是并不同于西方和现代社团似的社会组织。汉唐以后的祠庙，后来通称为各个宗族之间的祠堂，那也并非是一种社会的组织，只能说是民族精神的中心所系。它相近于宗教性质，平时并无社会活动的作用，每逢岁时，便由族长率领同族中的人们，共同致祭于自己的祖先。

族长虽由一族中辈分最高的出任，但是也不是由法规的组织产生，那只是由传统文化“礼”的观念，人为的自然推崇。如遇族中的子孙们犯了违反传统礼义的行为，由族长召集全族的人们，开祠堂门，拜祖宗，禀请祖先以宗法来评理，评定一事或一人的是非罪恶，也必须合乎天理、国法、人情。这也只是秉承礼义的安排，便不同于法规纪律的性质，或是组织的制裁。乡里之间的里正和保正，或者社董，那是清代沿用唐宋以来地方自治保甲的名称，等于现在的乡里长。社仓，是宋代以后为地方储备饥馑赈济的福利事业，后来也有叫作义仓的。社学，是明代以后实施的乡村国民教育。这些都如众所周知，不能与“社会”这个名辞，混为一谈。

再推溯到秦汉以上，讲到社会政治的关系，更为简单，那时的文化思想，政治和教育，本来不能太过于划分。所谓“作之君，作之师，作之亲”；在精神上，几乎还保有上古质朴的观念，还是三位一体的。能够影响地方社会之间，也只有从礼义的传统上，自然的敬老尊贤，秦汉时代的“老”和“公”，只是一种尊崇敬重的称呼，更不是社会领袖的职衔。例如《左传》所称的“三老”，据服虔疏引：“三老者，工老，商老，农老。”古天子有三老五更，以父兄之礼养之。据汉高祖纪所载：“举民五十以上，有修行，能帅众为善，置以三老。乡一人，择乡三老一人为长三老。”宋祁说：“乡有三老，掌教化，秦制也。”两汉都沿用这种制度，所以在我们的历史文化上，真难找出真正如西方社会组织的一种社会。初有社会规模的，只有先秦的墨道，才略具有特殊社会的风规。其次，就是开始于唐代佛教禅宗的丛林制度，它影响元明清以后的历史和社会，以民族革命为宗旨的帮会组织。但是丛林制度，它既不同于西方的宗教社会，又不同于西方宗教教育中心的神学院。至于帮会的组织呢？以传统的侠义精神，和政治活动相融会，说它是为了当时革命性的反正集团，确很正确。如果比之西方社会或流氓集团，推原它的初衷，当然也颇有出入了。

结论

倘若专讲社会学而研究社会史的问题，那便立场不同，观念有别，应该另作一种说法，也可以说：我们在近六十年来，受了西方文化思想的影响，才有社会等等问题的产生，所以理论的依据与文化思想的方向，截然各有不同。不过我只想从观今宜鉴古的遗训，述说唐宋以来的丛林制度，和它如何影响后世的帮会组织；以此作为今后我们吸收融化东西文化，跨进新的时代，提供留心社会问题者的参考而已。

佛教原始制度的简介

禅宗，是佛教的一个宗派，它以教外别传，不立文字，直指人心，见性成佛为宗旨。因为不一定需要文字，所以传到中国以后，就成为中国文化式的佛教了。如果说它是佛教的革新派，那也并不准确，因为它既没有革个什么，也没有新兴个什么，它的宗旨和修行途径，既没有变更本来佛法的面目，也不是中国自己所创造的，只是把印度传来原有的佛教制度，确实痛快地改变一番，既可适合中国文化的民情风俗，又从此建立一个新型的中国佛教气象，而且影响后世各阶层的社会规范。可是它正如佛陀所教的寂默一样，虽然在中国社会里，作了一番伟大的事业，却仍然默默不为人知。但就中国禅宗所创立的制度来说，它对佛法，果然做了一件不平凡的事，同时对于中国的各阶层社会，也奠定了后世组织的规模。

释迦出家以前的印度，本来也有很多其他宗教信仰，和离俗出世专修的人们，这些人都叫作“沙门”。等于中国古代避世的高士，我们普通称他作隐士，史书上又称为“隐逸”的。不过我们的隐士们，不一定绝无家室之累的，至于印度的沙门，都是出家避世的人。释迦创立佛教以后，凡是正式出家，皈依佛法的弟子们都须剃除须发，身披袈裟，离情绝俗，绝无家室之累，男的就名为比丘，女的名为比丘尼。比丘这个名称，是包含有乞士、怖魔、杀贼等意义；所谓上乞法于佛、下乞食于人，便名乞士；同时含有能杀烦恼之贼，使魔众怖畏的威德之意。所以严格遵守佛制的比丘们，大都是修习苦行，立志精勤的，其中专门注重苦修的，特别又称为头陀行者。原始佛教的比丘们遵佛的戒律和制度，同时也须修习头陀的苦行。除了应当遵守心性修养，和行为上等等的戒律外，他又定下个人生活上衣食住行的各种制度：

衣：不过三衣。多的就要布施了。甚之，拣拾人们抛弃了的旧布和破布，一条一条地凑成衣服来穿，这便叫做粪扫衣。传到中国以后，便改穿中国式的大袍，也有乞化百家衣布，补破衲杂而成的，就名为破衲衣，或补衲衣。

食：日中一食。至多是早上、中午两餐。过了午时，便不再吃了。因为他把饮食，只看作为维持生命，和医治饿病的药物罢了。

住：随遇而安。屋檐，庙廊，树下，旷野，荒冢，铺上随身携带的坐具一领，或草织蒲团一个，两足跏趺，（俗称为盘足）便心安理得的度此旦暮了。

行：赤足或芒鞋，光头安祥而走。昔在印度，至多上面打了一把伞，晴遮太阳雨遮水。传到中国，雨伞换了箬笠，所以文学家们，便有“芒鞋斗笠一头陀”的颂辞了。除此一身以外，大不了带一个净水瓶，供给饮料和盥洗之用，一个钵盂，作吃饭之用，其余可能带些经卷而已。

他们这样的刻苦精勤，尽量放弃物欲之累，过着仅延残命的人类的原始生活，就是为了专志求道，表示尽此形命，揖谢世间了。虽然，他们还存有利世济物之心，但在行为上，却是绝对的离群出世之行，所谓头陀不三宿空桑之下，就为了避免对事物的留恋，这在佛学名辞上，也可以叫做舍，又可以叫做内布施。他形似杨朱的为己，又同时具有墨子的摩顶放踵，以利天下之心。但是，也有些比丘们，同居在一起修持道业的，那便名为“僧伽”，僧伽是僧众团体的意义。其中足为大众师范，统率僧伽的就称为“大和尚”，或简称“和尚”。以后传到中国，就把比丘们统名为“僧”，以讹传讹，又笼统叫做“和尚”，其实一个“僧”与“和尚”，便概括了这些意义。

当汉明帝时，最初佛法传入中国的和尚，是从印度来的两位高僧，摄摩腾与竺法兰。汉朝将他们安置在洛阳的白马寺，所以中国后来的佛庙和僧居，就叫作寺和院了。其实在汉代，“寺”本是朝廷（中央政府）所属政府机关的名称。《汉书·元帝纪注》：“凡府廷所在，皆谓之寺。”例如鸿胪寺、太常寺等。汉、魏、两晋、南北朝之间，西域传道的高僧，源源东来，虽然不一定都是修习头陀行的，但大都是严守戒律的比丘。严守戒律和遵守佛的制度，便得乞食于人，虽然也有靠信仰皈依徒众们的供养，但是日久月长，到底还是一个问题。

（1）印度文化，向来敬信沙门，而且在中部南部一带，气候温暖，野生果木很多，乞食不到，还可随地采而充饥，但在中国，便没有如此容易了。

（2）中国文化的民情风俗，与印度迥然有别，除了贫而无告，沦为乞丐的，即使如隐士之流，还是靠自己躬耕畎亩而得衣食的。

（3）中国素来以农立国，政府与社会都很重视农耕，仅靠乞食生活，便会被视作懒汉或无用的人了。

（4）古代传统文化的观念，认为人们的身体发肤，受之父母，不可毁伤；比丘们既已剃除须发，已经犯了大不敬和不孝，一般的人，已经存有歧视之心，何况还要乞食于人，那就更不容易了。

由于上述的几种原因，隋唐以前的中国僧众，大半都靠帝王大臣们的信仰供养，才得维持其生活。同时其中有一部分，还须靠自己募化，或其他的方式维持，所以便包含有许多事故，引起历史政治上几次的大反感。不过，那时候中国的僧众，因地制宜，已经不能完全遵照原来的佛制，有的已经建筑寺庙，集体同居。只有少数专志修持，一心求道，单独栖息山林岩阿之间，过他的阿兰若（清净道场）生活，其余就需要变更方式，才能适应环境。

禅宗丛林制度的由来

到梁武帝的时代，达摩大师渡海东来，传佛心印的禅宗法门，便是中国初有禅宗的开始。那时信受禅宗的僧人，并不太多，据《景德传灯录》所载，正式依止达摩大师得法的，也不过三四人。其中接受大师的衣钵，传承心印，为东土第二代祖师的，只有神光一人而已。以后历世的学人，虽然渐渐增加，但接受祖位，都是一脉单传。传到六代祖师慧能，在广东曹溪大弘禅道。四方学者辐辏，禅宗一派，可谓如日之方东，光芒万丈，衣钵就止于六祖而不再传了。从六祖得法的弟子很多，能够发扬光大的，有湖南南岳怀让禅师，江西青原行思禅师二支。青原一支，不数传就渐呈衰落。南岳一支，便单祧道脉，此后就有马祖道一禅师，大弘禅宗宗旨。因他俗家姓马，故称马祖。马祖门下出了七十二位大善知识，可为禅宗大匠的，也不过数人，其中尤以江西洪州百丈怀海禅师，称为翘楚。改变佛教东来的制度，首先创立丛林制度的，就是马祖和百丈师徒，而且正式垂作丛林规范的，尤其得力于百丈，所以相传便称百丈创立丛林。据《禅门正统》载："元和九年，百丈怀海禅师，始立天下丛林规式，谓之清规。"其实，百丈师徒，正当唐代中叶（约当公元八九世纪之间）。佛教正式传入中国，当在汉魏、两晋时期，其中已经过四五百年蜕变，它被中国文化的融和，受到中国民情社会风俗的影响，制度的渐渐改变，也是势所必致，理有固然的。在百丈以前，梁僧法云，住光孝寺，虽已奉诏创制清规，但没有像百丈一样，敢明目张胆，大刀阔斧地毅然改制，定作规范。在百丈以后，更无完美的僧众制度，能够超过丛林制度的范围，所以说者便裁定是百丈禅师创建丛林制度了。

在百丈以前，禅宗的学风，大多只在长江以南一带流传。最盛的区域，当在广东、湖南、湖北、江西、福建、浙江、江苏、四川等省，能够北入中原的还不太多。至于黄河南北，还是停留在初期东来佛教的方式。禅宗以外的其余宗派，以及专精佛教学理，讲习经论的法师，被称为义学沙门的，为数还是很盛。大凡笃信研究经论学理的人们，不是过于圆通，便是过于迂执，尽管他自己本身，也翻滚不出时代的潮流，如果有人要公开改变旧制，自然就会忿然动色的。所以当百丈创建丛林之初，就被人骂作“破戒比丘”，这也是势所必致的了。马祖百丈等辈，都是气度雄伟，智慧豁达之士，具有命世的才华，担当立地成佛的心印，他毅然改制，固然由于见地定力的超群，也是适应时势机运的当然趋势。

百丈以后，晚唐五代之间，禅宗本身，又有五家宗派的门庭设立，范围僧众的制度，大体还是遵守丛林的清规。可是在教授方法和行为仪礼之间，却因人、因地、因时的不同，就各有少许出入，这种不能算是异同，只能算是出入的仪礼和教授法，便又名为家风。所以后世各个丛林禅寺，各有家风的不同，一直流传到清末民初。严格的说，禅寺丛林所流传的规范，已经经过千余年的变易，当然不完全是百丈禅师时代之旧观了。而且江南江北，长江上游和下游，各寺都有各寺不同的家风和规矩。但推溯这个演变的源流，无论它如何变更形式，穷元探本，可以得一结论：

丛林禅寺的宗风，是渊源于丛林制度的演变。禅宗的丛林制度，是脱胎于佛教戒律的演变。

佛教戒律，是由释迦牟尼佛所制定的，它为了规范僧众集体生活，修证身心性命所建立，具有中国文化礼记中的礼仪，以及法律与社会法规等的精神和作用。

丛 林 制 度

中国佛教里所谓的“丛林”，本来是禅宗僧众集团的特称，等于佛经所说的修行大众们，叫作“清净大海众”一样的意思。丛林不能通称某一个寺院，某一个寺院里的规模，可能是禅宗的丛林。明清以后，有些地方的寺院，虽然不一定是禅宗，便也随例称呼，叫作“丛林”，并无严格的分别了。

丛林的规范

甲　住持和尚：

他是职掌全寺的修持（教育），寺务（行政），戒律和清规（法律），弘法（布道），经济财务等事权，等于政府的元首，社会的领袖。他在寺内住的所在，叫作“方丈”，也就是佛经上说，维摩居室，仅有方丈之意，所以普通便叫一寺的住持和尚作“方丈”。有时也叫作“住持”，就是佛经上“住持正法”之意。《禅苑清规》称尊宿住持谓：“代佛扬化，表异知事，故云传法。名处一方，续佛慧命，斯曰“住持”。初转法轮，名为出世。师承有据，乃号传灯。”

（子）住持和尚的产生：

住持是僧众们推选出来的，必须具有几个条件：第一、是禅宗的得法弟子，要确有修持见地，足为大众师范，而且形体端正，无有残缺。第二、要德孚众望，经诸山长老和其他丛林的住持们赞助。第三、得朝廷官府（中央政府或地方政府）的同意。

他具备这些众望所归的条件，经过一次极其隆重的仪式，才得升座作住持和尚。如果以上还有老师和尚的存在，在升座的仪式中，还有付法、嗣法、入院、视篆等手续，才算完成接座的一幕，相等于现代的交替教育宗旨，和职位上的移交。

（丑）退院的和尚：

前任的住持和尚退位，便称为退院老和尚，他闲居养静，再不问事，或者闭关专修，大体都是功高望重，修持与德操，达到圆满的程度。他与新任接位接法的住持和尚之间，视如父子，必须极尽恭敬供养侍奉的能事，一直到了老死，务须尽到孝养，否则，会被诸山长老及僧众们所指责的，甚之，还算是犯了清规，受到责罚。但是唐宋时代的退院高僧，多半是飘然远引，从来不肯作形似恋栈的事。

（寅）和尚与政府的关系：

以前在中国的政治上，关于僧道制度，虽然历代都有过不大不小的争议，但因中国文化的博大优容，最后决议，都以师礼待遇僧道等人。虽然朝见帝王时，也不跪拜，只须合掌问讯，等于只有一揖了事。东汉时，僧尼隶属于鸿胪寺管理。唐以后，改变自姚秦、齐、梁以来的大僧正和大僧统，设祠部曹，主管天下僧尼道士的度牒和道箓等事。祠部与僧箓司，等于现代政府的宗教司。唐代是隶属于礼部的，《唐会要》称："则天延载元年五月十五日，敕天下僧尼隶祠部。"全国僧尼的户籍，也隶祠部专管，并置有僧籍的专案。迨唐宪宗元和二年，在帝都长安的左右街还置有僧录的职衔，相当于姚秦的僧正，后魏的沙门统，南齐京邑僧官的僧主。那是选拔聘请有道德学术修养的高僧，入都作僧官，主管天下僧尼道士等的事务。元代有一时期，还专设有行宣政院，以管理僧俗喇嘛及边情等事务。明洪武时，置僧箓司，各直省府属置僧纲司，州属置僧正司。清代因其职称。度牒，是政府给僧尼的证件，等于现代的文凭和身份证明书。唐代又称为祠部牒，它自尚书省祠部发出。道士们的度牒，又名为箓。

丛林住持的和尚，虽然由僧众推选产生，但是也须得朝廷或地方官的同意聘任。如果住持和尚有失德之处，政府也可以罢免他的职位，甚至，还可以追回度牒，勒令还俗，便变成庶民，像平常人一样接受政府法律的制裁。这种制度，一直到清朝以后，才渐渐变质，不太严格。因为清代在精神上，乃异族统治，变相松弛，是另有他的政治作用。中国历代政权，虽然没有像现代人一样，有宪法规定宗教信仰的自由，可是向来都听任自由信仰宗教的，过去政府对于僧道的措施，并不是严格的管理，只是严整的监督。

（卯）住持和尚执行的任务：

住持在职位上，是全寺首脑的住持，由他选拔僧众，分担各种执事的职务，但是却叫作请职，并非分派。请职，等于说以礼聘请，并不以命令行为。各种执事的职位，虽然由住持所请，但一经请定了，便各自执行他的职掌，秉公办理，即使对住持，也不能循私，因为他们有一最高的信仰，尽心尽力，一切都为常住，才是功德。常住，就是指丛林寺院的全体代名辞，也就是佛经所说“佛法常住”之意。所以凡关于处理或决议全寺和大众的事，住持必须请集全体执事公议以决定之，不能一意孤行，至少，也有两序执事长老，或少数重要执事参加决定才行。因此，住持在职位上，并不像专制时代政府的主官一样，他却像中国旧式教育的全体弟子们的严师一样。因为他所负的重要责任，便是指导全寺僧众们的实地修行，和品行的督导，关于这一方面，他却有无上的权威，也有无限的责任感。所以古代的丛林，有些住持，根本就不问事务，他认为执事的职掌，已经各有所司，毋须他来多管，他只须自己努力修行，随时说法，行其身教就是，要能不使学者走入歧途，这才是他应负的责任。

（辰）住持和尚请两序班首执事：

住持就位，就要选请全寺的执事。所谓执事，百丈旧规，称为“知事”。班首，旧规称为“头首”。他要选拔僧众中才能胜任，而且足孚众望的出任各种职司。虽然不经过选举，但是必是大众所谅解同意的。他要发表各位执事职司的手续时，先要征求本人的同意，再把各执事职司的名字职位，写在一个牌上（等于现代的公告牌），挂了出来，大家就得遵守之。须在每年正月十五、或七月十五挂牌。在请职以前，先于三五天前方丈预备了茶果，就命侍者去请某某师等同来吃茶，经过住持向他们当面请托，得到了同意，才一一由书记写好名字职位，挂牌示众。然后在就职那一天，午斋的时候，先送到斋堂，依次就座用膳。饭后再绕佛经行，送到大殿上，依次排列位置，再礼佛就位。晚课以后，各新请的执事，便到方丈礼座就职。住持便当面加以训勉，告诫尽心职务，遵守清规。退而再至各老职事房中，一一拜候，便叫作“巡寮”。（巡寮这个名辞，在戒律上又作别论），这样便是简单的请职程序。请职的时候，也有请二人同任一职，互为副助，或数人同任一职的，偶也有之。但各职执事职司，虽由住持请出，却不像上下级官吏的组织，他是平行的。可以说：只有圆的关系，既不是上下，也不是纵横的隶属。他们有弟子对老师的尊敬，却没有下级对上级的班行观念。

（巳）古清规的住持职司和授受程序：

（1）住持的日常事务（旧称住持日用）

关于教育和说法者：上堂。晚参。小参。告香。普说。入室。（以上统属日常说法部分。）念诵。巡寮。肃众。训童行。为行者普说。（以上统属日常管理部分。）受法衣。迎侍尊宿。施主请升座（说法）斋僧。受嗣法人煎点。嗣法师遗书至。（以上统属于平常管辖的教育和事务部分。）

（2）请新住持的次序

发专使，当代住持受请。受请升座。专使特为新命煎点。山门管待新命并尊使新命辞众上堂茶汤。西堂头首受请。受请人升座。专使特为受请人煎点山门管待人并专使。受请人升座茶汤。

（3）入院视篆

山门请新命斋。开堂祝寿。山门特为新命茶汤。当晚小参。为建寺檀越升座。管待专使。留请两序。报谢出入。交割砧基什物。受两序勋旧煎点。

(4) 退院

(5) 迁化

入龛。请主丧。请丧司执事。孝服。佛事。移龛。挂真举哀茶汤。对灵小参奠茶汤念诵致祭。祭次。出丧挂真奠茶汤。荼毗（火化）。全身入塔。唱衣。灵骨入塔。下遗书。管待主丧及丧司执事人。（其中火化与全身入塔及灵骨入塔，并非丧事的次序，但只视丧事情形，任选一项。）

(6) 议举新住持

乙　两序执事：

住持和尚所请班首执事，等于古朝廷仪制，分文武两班，所以便称为两序。

（子）各职的班首执事：

(1) 古清规的两序：

西序班首：

首座。西堂。后堂。堂主。书记。知藏。参头。祖侍。烧香。记录。圣僧侍者。

执事：

殿主。寮元。钟头。鼓头。印房。夜巡。清众。香灯。司水。耆宿。闲住。护病。打扫。行者。净头。

东序班首：

都监寺。监院。维那。副寺。库头。知众。知客。照客。悦众。典座。值岁。知浴。监收。衣钵。汤药。侍者。

庄主。

执事：

化主。寮元。寮主。副寮。延寿堂主（即近代的涅槃堂主）。净头。米头。饭头。茶头。园头。磨头。水头。炭头。菜头。柴头。

（2）两序请职的程序：请立僧首座。请名德首座。两序进退。挂钵时请知事。侍者进退。寮舍交割什物。方丈特为新旧两序汤茶。堂司特为新旧侍者汤茶。库司特为新旧两序汤药。堂司送旧首座都寺钵位。方丈管待新旧两序。方丈特为新首座茶。新首座特为后堂大众茶。住持垂访头首点茶。两序交代茶。入寮出寮茶。头首就僧堂点茶。两序出班上香。（其余制度，受戒，挂褡，坐禅，节腊，法器，各有一定的规矩，因为太繁，又不关本文主要宗旨故不详述。既如以上所列，也仅举列它的次序名目，详细内容，也毋须一一申述。

（五）近代的各职班首执事：

（1）寺务行政方面：

监院一位，或数位。他是职掌全寺内外寺务行政，旧制称为寺主，他与维那，首座，为丛林三纲职司之一。监院俗称叫作“当家师”，如为二位，便分内当家与外当家，三四五位，便分大当家二当家等等。分别管内管外，管钱管账各等职务。如果是小丛林，大多都只有一位。

副寺一位，或数位。他等于副当家，分理监院的事务，并执掌财务和山林田产。旧制副寺十日一算费用，记之纸端者，谓之旬单。

（2）经济财务方面：

库头一位，或数位。旧制此即副寺的职称，又称谓“都仓”，掌出纳之役。他执掌储藏应用物品，和食粮食物财务等事，又等于现代的仓库主管，俗称叫作“库头师”。所有储藏衣食等物，都应负保管、保养、防护、晒洗等责任。据《清规》的记载：“其上下库子，须择有心力，能书算，守己廉谨者为之。”又云：“副寺者，古规曰库头，今诸寺谓柜头，北方称财帛，其实皆一职也。”

（3）监察方面：

都监一位。旧制称为“都寺”，别名“都管”。他负责监察寺务行政、经济、人事等事。大多任此职者，都聘请前任监院任之。后世把这一职务，也有变成了闲曹，等于政府的升迁，同时又相似降职。旧制它的职位，在监院之上，因都总诸监寺故名“都监”，又叫作“都总”，又叫“都守”。

（4）应接及外务方面：

知客一位或两三位，旧制又统称谓“典宾”、“知浴”、“知库”、“知殿”等。他对外执掌待客应酬，负责交际等事务，并接受替人念经作佛事等事，如为两位，便分别叫作大知客、二知客。所以知客师一席，又等于是外当家，或副寺，每日来往的收入，到了晚上，便统计交与库房。库房存款有余，便交方丈处理，现代便有转存于银行的。而且必须选拔德威并济，才能干练的担任，每每注重修持节操的，便推辞避免这个位置。但遇无其他适当人选，又必须为了常住，而发心担任之，等于为了大众必要，愿来跳火坑一样。

照客两位或数位，旧制称为“请客侍者”，或“客头行者”。隶属于知客之下，辅助知客，听其指挥作事，亦有选青年沙弥，聪明伶俐者任之。

（5）教育方面：

首座一位，旧制也有称谓“座元”，乃僧堂的元首之意。与监寺、维那统称为三纲。他辅助和尚弘宗说法，大多是诸方公认的善知识，或在和尚的得法弟子中选有高深造就者任之，同时也可作和尚的储贰。他可代住持秉拂子上法座，开示大众，旧制和前堂首座、后堂首座、东藏主、书记，又称“秉拂五头首”，为各有秉拂之资格者，故又统称作“秉拂寮”。旧制有前堂首座、后堂首座、立僧首座、名德首座、却来首座等各项分别职司。

堂主、后堂、西堂，都可以请一位或数位任之。旧制的“堂主”是一通名，例如水陆堂主，罗汉堂主，延寿堂主，都自各守一堂，虽然叫作堂主，并非如后代的专指禅堂的堂主，这里所称的，都是属于专管禅堂清修的堂主，旧制称“方丈和尚”，也有便称为“堂头和尚”。堂主乃主持僧众实地修行的禅堂指导者，同时亦可代理和尚说法，所以后世便把堂主说法，也叫作“小参”。堂主必须选有真实修持，有实际学问修养者任之。近代的制度，堂主进升为后堂，后堂进升为西堂，西堂进升为首座。首座可以代理和尚上殿、过堂、说法等事务。堂主们年老退职闲居，便可以不问寺务了。

禅堂内，又有监香、悦众、单头等职司。旧制单头又称为“寮长”，也叫作“席头”。

书记一位，或数位。他执掌文墨，等于行政机关的秘书长，凡有关于寺务的文牍，都由他职掌，旧制写作佛事文书例如疏启一类，多采用四六字句的骈文体，这个职位，后代又改变有“写法书记”的名称。他等于中国古代帝王左右的史官，所谓“左史记行，右史记言”一样，他集二者于一身，书写记载住持和尚说法的法语和言行，故须选善于文翰者任之。又有把这个职位，用作犒赏劳职之用，选择清众当中，有多年苦行的任之，使他得到一个独居静处的寮房。书记可进升为堂主，旧制也又有称为“记室”的。

（6）纪纲司法方面：

维那一位，乃全寺三纲之一。与监院，首座并列为上首。纲即纲维之意，就是纲领寺内维持佛寺者。禅宗与律宗，都称“维那”，教宗便称谓“都维那”。旧制又别称为次第、知事、悦众、寺护等名。其实，“维那”一辞，实在出于律部的名称，《僧史略》谓：“东西域知事僧，总曰羯磨陀那（即梵语羯磨师之别译，）译为知事，亦曰悦众，谓知其事，悦其众也。”大凡诵经诵律，举行佛事，都由他领头，或僧众犯戒，触犯丛林清规，也由他执行，如摈斥出院等。（戒律叫“斥逐作摈”，丛林术语，便叫作“迁褡”，讹作“迁单”，就是赶出三门的代语。）维那的别称，又名叫做“堂司”。或用堂司直接名其所居住的寮舍，或作为直接名其职位的，又有一名，便叫作“纪纲寮”。

（7）方丈侍者：

侍者数位，以其亲近于长老左右而任调遣者，故称“侍者”。旧制有五侍者或六侍者的不同。有香侍者、侍状侍者、待客侍者、侍药侍者、侍衣侍者，这叫五侍者。巾瓶侍者、应客侍者、书录侍者、衣钵侍者、茶饭侍者、干办侍者，这叫作六侍者。后世以衣钵侍者，等于管理方丈中的总务侍者。书写侍者，后世又称为“写法侍者”，记录摭拾住持和尚的开示法语，是由他记写悬牌示众的。他们侍候和尚，等于方丈的侍从，多选和尚的入室弟子任之，也是清高的职司。佛经称侍者应具八法：所谓“一、信根坚固；二、其心觅进；三、身无病；四、精进；五、具念心；六、心不憍慢；七、能成定意；八、具足闻智。”总之，此辈必须为法忘躯，智行严密，不负法乳之托的方可任之。

（8）总务方面：

典座一位，他执掌日常事务，犹如现代的总务庶务等业务。《临济录》冠注谓：“《百丈清规》有典座无饭头，此典座也。典座者，职掌大众斋粥一切供养。”僧堂清规谓：“此职主大众斋食，故时时改变食物，大众受用安乐为妙。”后世也有改为执掌内务之职的。

僧值一位。这是一年的值事僧，每年轮流当值，由各执事更换任之。

饭头一位。专管做饭。僧堂清规称：“此职与典座分劳，掌粥饭，常与药头、监粮等和合而护惜常住，其用心与典座同，慎饭粮之过不足，宜常熟读典座宝训。”

火头一位，专管司爨。

园头一位，专管种菜。

菜头一位，专管煮作蔬菜。

行头数位，专管斋堂执役。

其他柴头、炭头、桶头、水头、磨头、茶头、锅头，则因时因地各有不同，或有或无，并不一律。

净头一位，专管厕所的卫生清洁。往往也有首座班首及僧众，自动请求担任，认为乃忏罪立德的好事。也有叫做圊头的，旧制又称谓东司。

庄主一位，或数位。如另外有田产的大丛林，就设有此职，专管佃户收租等事，俗称叫外当家，辖有监收主等数位。

巡山寮主一位或数位，专管培养保护山林并防护盗贼等。如在深山大寺，都设有此职。普通寺院，不一定有的，大多选孔武有力者任之。如设有此职寮之处，则园头、柴头便归此寮。

如属有小庵，便有住庵的庵主。有塔，便有守塔的塔主。

打钟的称钟头。击鼓的称鼓头。也都各有专司。

（9）清要的职务：

藏主一位，旧制称谓“知藏”。他是专管藏经及图书的职位，等于现代的图书馆长，及图书管理员，往往选学养兼优的人任之，也可以并在书记寮内。大寺中每每专有藏经楼的建筑，故此职极为重要。

殿主一位。香灯数位。专管大雄宝殿的佛前内外事务的，叫作“殿主”，有香灯一人辅之。其他各殿，也有各殿的香灯，却不叫殿主，旧制却并在堂主寮内。如涅槃堂主（旧称“延寿堂主”），罗汉堂主等。涅槃堂，律宗曰“无常院”，或“无常堂”。禅宗曰“涅槃堂”，或“延寿堂”，乃置临命终时的病僧，使观无常之所也。

化主一位或数位，他专管出外游方宣化，以募化所得，供养全寺大众生活，及作丛林常住的资产。化缘所得的款项账目，一切交付知客、库头、登记账册，转交住持处理。化主每每可以终年游方外出，比较清闲。

（10）执掌劳役的僧众：

执役僧若干人，担任劳动杂役的事务，往往皆由自动发心，请求执行苦役借以自励德行的。此中每多贤者，并且大多是不求人知的，《传灯录》载："沩山在百丈会下作典座，又令遵有笊篱木杓分付与典座语。"《五灯会元》载："雪峰在洞山作饭头。庆诸在沩山为米头。道匡在招庆为桶头。灌溪在末山为园头。绍远在石门为田头。智通在沩山为直岁。晓聪在云居为灯头。嵇山在投子为柴头。义怀在翠峰为水头。佛心在海印为净头"此类都是苦行劳役之职，如作典座者，更为普遍。昔年笔者参学诸方时，曾有诗云："灵鹫风高旧迹登，禅参北秀与南能。当时行脚江湖日，遍访名山苦行僧。"这便是向慕苦行僧中的德操，所以作此感怀。

（寅）班首执事与江湖清众：

凡是住持和尚以次的各班首执事，大多都有单独的寮房。如果房间不够分配，也视职位的清要与否，间或一二人兼并一间的。其余的僧众，无论住禅堂或挂褡，就统名叫作"清众"。后世因为佛教的普及，为了响应普通民间社会信仰的需要，也有被请去外面念经作佛事的必要，这也同时是全寺和僧众们的公私收入，所以便有专为应酬念经拜忏的一班僧众，普通把他有别于专门清修的清众，便叫做"应门"。当清末民初，在闽浙一带，一般习惯叫他为应门的和尚，这可能就是应化僧的讹传了。

十方挂褡的云水寮，旧制叫作“江湖寮”，又名谓“众寮”，这是专指往来四方，参学云游的挂褡僧寮。禅门相传，“江湖”乃江西湖南之意，因唐时参禅的僧众，不到江西马祖处，便到湖南石头处，往来憧憧，都凑集在二大师之门，故便称谓江湖僧众。据《文选注》：谓今言江湖者，江外湖边，本是隐沦士所处。如《莲社高贤传》周续之曰：“心驰魏阙者，以江湖为桎梏。”骆宾王《序》曰：“廊庙与江湖齐致。”范希文严先生《祠堂记》曰：“既而动星象，归江湖。”等说是也。其实，江湖的原意，出于《庄子》，乃指隐沦的风尚，如云：“泉涸，鱼相与处于陆，相呴以湿，相濡以沫，不如相忘于江湖。”

（卯）丛林清规的古今异同：

自百丈清规以来，及今千有余年，何况原始规范，早已失传，后世传至近代的丛林规矩，多有非旧时面目者，也就不足以为怪了。当元顺帝至元四年，敕百丈山德辉禅师选修《百丈清规》八卷行世，就诏天下僧人，悉依此清规而行。到了明朝，屡次下敕不入此清规者，就以法律绳之，后世便遵此为准。清代道光三年，有源洪禅师著《百丈清规证义》十卷行世，便为定本。其余则因时因地的不同，就各自别有出入。近世以来，所行有不同于旧制者更多，实亦时势所趋使，有不得不变的苦衷，但也有由于不知所本，妄加师心自用的确亦不少，如源洪禅师称：“清规面目，有古今不同者，如古称头首，今名首座，或号座元。古称监寺，今名监院，以及书状，改名书记。僧堂改名为禅堂之类。俱改其名而不改其义。又规条中古有而今无者，如点茶抛香之类。古无而今有者，如祖忌、增百丈等，水陆增楼等及不许吃烟之类。”总之：任何一种社会，最初总很简单。时代愈向后推，情形也愈复杂，所以规矩也就增加更多。百丈原始清规，虽然已经失传，但宋人杨亿的序文至今还在，他所述的原始情形，当然比较后世简朴的多，如称：“所裒学众，无多无少，无高下，尽入僧堂，依夏次安排，设长连床，施椸架，挂褡道具。卧必斜枕床唇，右胁吉祥睡者；以其坐禅既久，略偃息而已。”他又述说百丈清规的目的，如称：“一、不污清众，生恭信故。二、不毁僧形，循佛制故。三、不扰公门，省狱讼故。四、不泄于外，护宗纲故。”由于杨亿的序文和慈觉大师的龟镜文看来，当时他所注意的重心，确实只重在流传到今世的“禅堂”。但是后世的丛林规矩，除了少数几个大丛林以外，却都以此为规范僧众的仪轨，反视禅堂为附庸了，甚矣！禅宗的衰落，也是事有固然的了。

丛林的风规

甲　身份平等，集团生活。

唐宋时代，正当禅宗鼎盛的时候，大凡出家为僧的，不外四种情形：

（1）部分研究佛学经论的称为义学比丘们，有的是因政府实行佛经的考试既经录取，便由朝廷赐给度牒出家的。

（2）自动发心，离群求道，请求大德高僧剃度的。

（3）朝廷恩赐，颁令天下士庶，自由出家的。唐时，政府有几次为了财政的收入，还有鬻卖度牒，听任自由出家的。

(4) 老弱鳏寡，无所归养而出家的。在这四种情形当中，如有未届成年想求出家者，依佛的戒律，还须得父母家族的同意，才能允许出家。

既经出家受戒，取得度牒以后，就可往丛林讨褡长住。讨褡大约分作两种，各有不同的手续：

(1) 普通少住数日或一短时期的，便叫做“挂褡”（俗作“挂单”或“挂褡”）。挂褡的僧众，为慕某一丛林住持和尚的道望，远来参学，或是游方行脚经过此处，但都须先到客堂，依一定的仪式，作礼招呼，依一定的仪式放置行李，然后由知客师或照客师依礼接待，并依一定的禅门术语，询问经过，既知道了他挂褡的来意，便送进客房，招呼沐浴饮食。普通僧众住的客房，术名叫“寮房”。接待游方行脚僧的，又叫做“云水寮”。唐宋时代，旧称通叫做“江湖寮”。最普通的过路挂褡也要招待一宿三餐，等于归家稳坐，绝无歧视之处。如遇参学游方的，有些比较大的丛林，在他临行时，还要送些路费，叫做“草鞋钱”。倘要久住些的，便要随大众上殿念经，参加做事，虽然居在客位，劳逸平均，仍然不能特别。

(2) 要想长住的，便叫作“讨褡”。要住进禅堂内修学的，便叫作“讨海褡”。讨了海褡，就算本寺的正式清众了。这必须要先挂褡，住些时日，经过知客师及各执事们的考查，认为可以，才能讨得海褡长住，旧制称为“安褡”。常住的僧众，每年春秋两次，各发一次衣布，或衣单钱，以备缝制衣服之用。除了施主的布施以外，常住每季，还发一次零用钱，也叫做“衬钱”。

凡是已经受戒，持有度牒，而且是常住的大众，身份与生活，便一律平等，上至住持和尚，下至执劳役的僧众，都是一样。对于衣、食、住、行方面，都要严守佛家的戒律和丛林的清规。如果犯了戒律和清规，轻则罚跪香或执苦役，重则依律处罚或摈弃，便是俗称“赶出三门”了。

衣

普通都穿唐宋时代遗制的长袍，习禅打坐也是如此。做劳役时便穿短褂，这些就是留传到现在的僧衣。遇有礼貌上的必要时，便穿大袍，现在僧众们叫它为海青。上殿念经、礼佛，或听经、说法的时候，便披上袈裟。中国僧众们的袈裟，都已经过唐宋时代的改制并非印度原来的样式。到了现在，只有在僧众的长袍大褂上，可以看到中国传统文化，雍容博大的气息，窥见上国衣冠的风度。僧众们的穿衣，折叠，都有一定的规矩，都是训练修养有素，就是千人行路，也难得听到衣角飘忽的风声。

食

依照佛教的戒律，每日只有早晨、中午两餐，为了种种正确的理由，过午便不食了。食时是用钵盂，以匙挑饭，并不像印度人的用手抓饭来吃。但到了中国，已经改用碗筷，和普通人一样。不过，完全实行大乘佛教，一律终生素食，而且是过午不食的。除了少数担任劳役的苦役僧，因恐体力不济，晚上一餐，还只是作医治饿病之想，才敢取食。凡吃饭的时候，一律都在斋堂（食堂），又叫作“观堂”，是取佛经上在饭食时，作治病观想，勿贪口腹而恣欲之意。这个规矩，大家必须一致遵守，虽上至住持和尚，也不能例外设食，这就名为“过堂”。如有外客，便由知客陪同在客堂吃饭，住持和尚于不得已时，也可以陪同客人饭食。大众食时都有一定的规矩，虽有千僧或更多的人，一听云板报响，便知已经到了食时。大家穿上大袍，顺序排列，鱼贯无声的走入膳堂，一一依次坐好。碗筷菜盘，都有一定次序放置。各人端容正坐，不可随便俯伏棹上。左手端碗、右手持箸，不得有饮啜嚼吃之声。添饭上菜，都有一定的规矩，另有执役僧众侍候，不得说话呼喊。斋堂中间上首，便是住持和尚的坐位，住持开始取碗举箸，大家便也同时开始吃食了。等到全体饭毕，又同时寂然鱼贯回寮。住持和尚如有事情向大众讲话，正当大众饭食之时，他先停止吃饭，向大众讲话，这便名为“表堂”。每逢月之初一、十五便加菜劳众。或遇信众施主斋僧布施，也要加菜的。

住

在禅堂专志修习禅定的僧众，便名为“清众”，旦暮起居，都在禅堂。其余各人都有寮房，有一人一间，或数人一间的，依照佛教戒律和丛林规矩，除早晚上殿念经做功课，以及听经听法以外，无事寮房静坐，不得趱寮闲谈，不得闲游各处，无故不得三人聚论及大声喊叫。如遇住持和尚或班首执事，以及年长有德者经过，就必肃然合掌起立，表示问讯起居。

行

各人行走，或随众排列，必须依照戒律规矩，两手当胸平放，安祥徐步，垂脸缄默，不得左顾右盼，不得高视阔步。如要有事外出，必须到客堂向知客师告假，回寺时又须到客堂销假，不得随便出外。即使住持方丈，或班首执事出寺入寺，也须在客堂说明，告假几天，同时还须向佛像前告假和销假。其余生活各事，如沐浴、洗衣，各有规定。病时大丛林中，自有药局处方，告假居房养息，不必随众上殿过堂。倘若病重，进住如意堂，便有自甘执役护病的僧众来侍奉，如意堂，也就是旧制的安乐堂。死了，便移入涅槃堂，举行荼毗（俗名“迁化”），然后收拾骨灰，装进灵骨塔（即俗称“骨灰塔”）。

总之，真正的丛林集团生活，绝对是做到处处平等，事事有规矩。由一日而到千百年，由管理自己的身心开始，并及大众，都是循规蹈矩。至于详细细则，还不止此。所以宋代大儒程伊川，看了丛林的僧众生活，便叹说：“三代礼乐，尽在是矣。”

乙　劳役平等，福利经济。

百丈创制丛林，最要紧的，便是改变比丘不自生产、专靠乞食为生的制度。原始的佛教戒律，比丘不可以耕田种植，恐怕伤生害命，那在印度某些地方，可以行得通，到了中国，素来重视农耕，这是万万行不通，而且更不能维持久远的。所以百丈不顾别人的责难，毅然建立丛林制度，开垦山林农田，以自耕自食为主，以募化所得为副。耕种收获，也如普通平民一样，依照政府法令规定，还要完粮纳税，既不是特殊阶级，也不是化外之民。平日于专心一志修行求证佛法以外，每有农作或劳动的事情，便由僧值师（发号司仪者）宣布，无论上下，就须一致参加劳动。遇到这种事情，丛林术语，便名为“出坡”，旧制叫作“普请”。出坡的时候，住持和尚，还须躬先领头，为人表率。百丈禅师到了晚年，还自己操作不休，他的弟子们，过意不去，就偷偷地把他的农作工具藏了起来。他找不到工具，一天没有出去工作，就一天不吃饭，所以禅门传诵百丈高风，便有“一日不作，一日不食”之语，并且以此勉励后世，由此可见他人格伟大的感召了。现代的虚云和尚年届一百二十岁，还是身体力行，终生奉此不变的。

丛林的经济，一切收入与支出，要绝对公开，术名便称为“公众”。收入项目，悉数都为全寺大众的生活，尽量为大众谋求福利，还有盈余，便添购田地财产，希望供养更多的天下僧众。一班执事等人，多半公私分明，绝对不敢私自动用常住一草一木，因为僧众们在制度以外，更是绝对信仰因果报应的。平时经常传为宝训的，便有：“佛门一粒米，大如须弥山。今生不了道，披毛带角还。”因此，他们对于在禅堂里真实修持的僧众，都是极力爱护，不肯使他们受到丝毫惊扰，希望他们成道，以报天下、国家、社会上和施主们的恩德。从前有一位宝寿禅师，在五祖寺库房执事，那时的住持和尚戒公，偶然因病服药，需用生姜，侍者就到库房里取用。宝寿便叱之使去。戒公知之，令拿钱去回买，宝寿才付给他。后来洞山缺人住持，郡守来信，托戒公找人住持。戒公便说：那个卖生姜的汉子去得。他便去作洞山的住持。所以后世有“宝寿生姜辣万年”的句子，相传为禅门的佳话。民国三十年间，笔者在成都的时候，见过一位新都宝光寺的退院老和尚，其人如苍松古柏，道貌岸然可敬。住持大寺数十年，来时只带一个衣裳包袱，退位的时候，仍然只带这个破包袱。对于常住物事从来不敢私用分毫，自称德行不足以风众，背不起因果。相对数言，便令人起思古之幽怀，这便是丛林大和尚的风格。

丙　信仰平等，言行守律。

所谓“丛林”，顾名思义，是取志在山林之意，其实，它具有此中明道修行者，有如麻似粟、丛集如林的意思。他们都坚定信仰佛教的佛法，尤其更信仰禅宗心地成佛的法门。要住丛林，便是为了专心一志的修证心地成佛法门，所以他们除了恪守丛林的清规以外，在寺内更笃守佛教的戒律。相传过去天台国清寺有一得道高僧，已经有了神通。有一天晚上，在禅堂里坐禅，下座的时候，他偷偷问隔座的僧众说：你的肚子饿了吗？大家不敢答话。有一僧说：饿了怎么办？规定大家过午不食，谁又敢去犯戒？即使要吃，厨房里都没有东西，那里有吃的呢？他说：不要紧，你要吃，我替你弄来，厨房里还有锅粑呢！他说了，便伸右手入左手的袖子里，一会儿，就拿出一大把锅粑来请这僧吃。这时，那个住持和尚也有神通的，他严守戒律，决不肯轻现神通。到了次日清晨，住持和尚便向大众宣布，昨天夜里，禅堂里有两位僧人犯戒，依律摈斥出院。那个有神通的僧人便伸手拿起包袱，向住持拜倒，自己承认犯戒，由此就被赶出三门了。南宋时，大慧宗杲禅师，他未经得法时，依止湛堂禅师，有一天，湛堂看了他的指甲一眼，便说：近来东司头的筹子，不是你洗的吧！他便知道师父是责他好逸恶劳，立即剪去养长了的指甲，去替黄龙忠道者作净头（清除厕所）九个月。由于这些例举的一二操行，就可知他们的规矩和戒律，言行和身教，是多么的自然和严整啊！

丁　众生平等，天下为家。

佛教的宗旨，不但视人人为平等，它确要做到民胞物与，视一切众生，都是性相平等的，为了适合时代和国情，他创立了丛林制度，从表面上看，丛林的清规与佛的戒律，似乎不同。实际上，清规是以佛的戒律作骨子的，所以他的内部，仍以严守戒律为主。即如举足动步，也不敢足踏蝼虫蚂蚁，何况杀生害命。因为他的信仰和宗旨，是慈悲平等的，所以丛林便有天下一家的作风。僧众行脚遍宇内，不论州县乡村，只要有丛林，你能懂得规矩，都可挂褡安居。此风普及，及至乡镇小庙，或是子孙私产也都可以挂褡。从前的僧众们，行脚遍天下，身边就不需带一分钱。既使无寺庙可住，大不了，树下安禅也可过了一日。元明以后，佛道两家好像各有宗教信仰的不同，在某些方面，又如一家。例如道士，到了没有道观的地方，可以跑到和尚寺里去挂褡。和尚也是如此，必要时可以跑到道观里去挂褡。每遇上殿念经的时候，也须随众照例上殿，不过各念各的经，只要守规矩，便不会对他歧视的。僧尼之间，事实上，也可以互相挂褡。不过，其中戒律和规矩更要严些。例如男众到女众处挂褡。清规严格的寺院，就只能在大殿上打坐一宵。稍稍通融的，也只能在客房一宿，决定不可久居。女众到男众处，也是如此的。俗人求宿寺院，便不叫做挂褡，佛门以慈悲为本，有时斟酌情形，也可以收留的。唐宋时代，许多出身贫寒的读书人，大都是寄居僧寺读书，例如邺侯李泌等辈，为数确也不少。至于唐代王播微时，寄读扬州僧寺，被主僧轻视，故意在饭后敲钟，使他不得一餐，便题壁写诗云："上堂已了各西东，惭愧阇黎饭后钟。"后来他功名成就，复出镇是邦，再过此处，看到昔日的题句，已被寺僧用碧纱笼罩起来，他便继续写道："二十年来尘扑面，如今始得碧纱笼。"这些事情总有例外的，也不能以偏概全，便视僧众都是势利的了。最低限度，也可以说，有了丛林制度以后，确实已经替中国的社会，做到收养鳏寡孤独的社会福利工作，使幼有所养，老有所归，这是不能否认的事实。宋仁宗看见丛林的生活，不胜羡慕它的清闲，便亲自作有《赞僧赋》。相传清代顺治皇帝，看了丛林的规模，便兴出家之想，他作了一篇《赞僧诗》，内有："天下丛林饭如山，钵盂到处任君餐。朕本西方一衲子，如何落在帝王家。只因当初一念差，黄袍换却紫袈裟。"等句，也有人说，这是康熙作的，真实如何，很难考证，但由此可见禅门丛林，是何等气象了。

丛林以修持为中心的禅堂

甲　禅堂的规模：

百丈创立丛林，最重要的，他是为了真正建立了禅宗的规范。由于这种制度的影响所及，后世佛教的寺院，不论宗于何种宗派，大多数都有加上禅寺名称的匾额，而且因为禅僧们的简朴，一肩行脚，背上一个蒲团，芒鞋斗笠，就可走遍天下名山大川。大家景仰他们的苦行，所以青山绿水之间，不断的建筑起禅寺了。但真正的禅门丛林，它的主要目的，不止在于创建寺院，都在于有一座好的禅堂，可以供养天下僧众，有个安身立命、专志修行的所在。唐宋元明清以来，国内有的丛林里的禅堂，可以容纳数百人到千余人的坐卧之处，每人一个铺位，可以安禅打坐，又可以放身倒卧。各个铺位之间，又互相连接，所以古人又叫它作“长连床”。但每一座位间，必须各记自己的姓名，张贴于坐席之间。全寺的僧人，常住经常也备有登记簿，俗名叫作“草单”，术名叫作“戒腊簿”，也等于现代的户口簿。整个禅堂光线明淡，调节适中，符合简单的生活起居，适应方便。只是古代的建筑，不太注重通风设备，对于空气的对流，比较差些。禅堂四面，都做成铺位，中间完全是个大空庭，需要作大众集团踱步行走之用。这种踱步，便是佛经所说修禅定者的适当活动，叫作“经行”。丛林里便改作“行香”与“跑香”了。所以禅堂中心的空间，便要能够容纳内部数百或千余人的跑步之用，行香与跑香，都照圆形活动。不过必要时，还有分成两个圈子或三个圈来跑，老年体弱的，不可以走外圈。少壮健康的，就走外面的大圈子。

乙　禅堂里的和尚：

禅堂既然为禅宗丛林的中心，等于现代语所说的，是个教育的中心了。那么，应该是最富于佛教色彩的所在，事实上，并不如此；它却正正真真表示出佛法的真精神，不但完全解脱神秘和迷信，而且赤裸裸的表达出达摩大师传佛心印的宗旨。原来禅堂里，不供佛像，因为禅宗的宗旨，“心即是佛。”又是，“心、佛、众生，三无差别”的。又，“不是心，不是佛，也不是物”的。那它究竟是个什么呢？可以说，它是教人们明白觉悟自己的身心性命之体用，所谓本来面目，道在目前，就在寻常日用之间，并不是向外求得的。后世渐有在禅堂中间，供奉一尊迦叶尊者的像，或达摩祖师的像。禅堂的上位（与大门正对的），安放一个大座位，便是住持和尚的位置，和尚应该随时领导大家修行禅坐，间或早晚说法指导修持。所以住持和尚一定要选任曾经悟道得法的过来人，确能指导大家修证的大善知识了。心即是佛，和尚便是今佛，住持也便是中心，所以有时称他作“堂头和尚”。如住持和尚因故不能到禅堂参加指导，辅助住持的督导修持，就是禅堂的堂主，与后堂、西堂等，这几个位置是设置在左排进门之首的。此外，还有手执香板，负责督察修持的，叫做“监香”，他和禅堂里的悦众，都是负责监督修持用功之责的。悦众和监香，也有数人任之的。香板，古代乃是竹杖，一端包了棉花和布，做为警策之用，这是佛的旧制，称谓禅杖。后世改用为木板，作成剑形，叫做香板。其余，还有几位专门供给茶水的执役僧，有时或由新出家的沙弥们任之。

丙　禅堂的生活：

顾名思义，所谓“禅堂”，就是供给僧众们专门修持坐禅的地方。他们为了追求实现心地成佛的最高境界，一面离尘弃欲，决心绝累。一面又须苦志精勤，节操如冰雪。甚至毕生埋首禅堂，一心参究，纵然到死无成，仍然以身殉道而不悔者，比比皆有。凡是住在禅堂里的人，饮食起居生活，一律都须严守清规的纪律。清晨三四点钟就要起床、盥漱方便以后，就上座坐禅。因为古代没有时钟，每次坐禅，就以长香一炷为标准，大约等于现在时钟的一点半钟左右。下座以后，就须行香，大家依次排列，绕着禅堂中间来回行走，身体虽然松散，心神却不放逸。这样又要走完一炷香，就再上座。饮食、睡眠、大小便，都有划一的规定。如此行居坐卧，都在习禅，每日总以十支以上长香为度。如逢冬日农事已了，天寒地冻，更无其他杂务，便又举行克期取证的方法，以每七日为一周，叫做“打禅七”或“静七”。在禅七期中，比平常更要努力用功参究，往往每日以十三四支长香，作为用功的标准。大约睡眠休息时间，昼夜合计，也不过三四小时而已。后世各宗，鉴于这种苦修方法的完美，也就兴起各种七会，如念佛七等等。他们有这样苦志劳形，精勤求道的精神，日久月长，无疑的，必能造就出一二超格的人才。每逢举行禅七的时期，和尚要请职担任禅堂里的监香职位时，也和请丛林班首执事一样的过程，茶聚商托以后，挂牌送位，都如请执事一样的仪式。不过送位只是送禅堂里的坐香位子，因为重心在于禅堂。监香也有同时请七八位，轮流担任，以免过于疲劳。禅宗虽然只重见性明心，立地成佛的顿法，并不重禅定解脱的修行法门。但是远自印度的释迦牟尼，以及传来中国以后，从古至今，没有哪一位祖师和

近代禅堂坐位简图

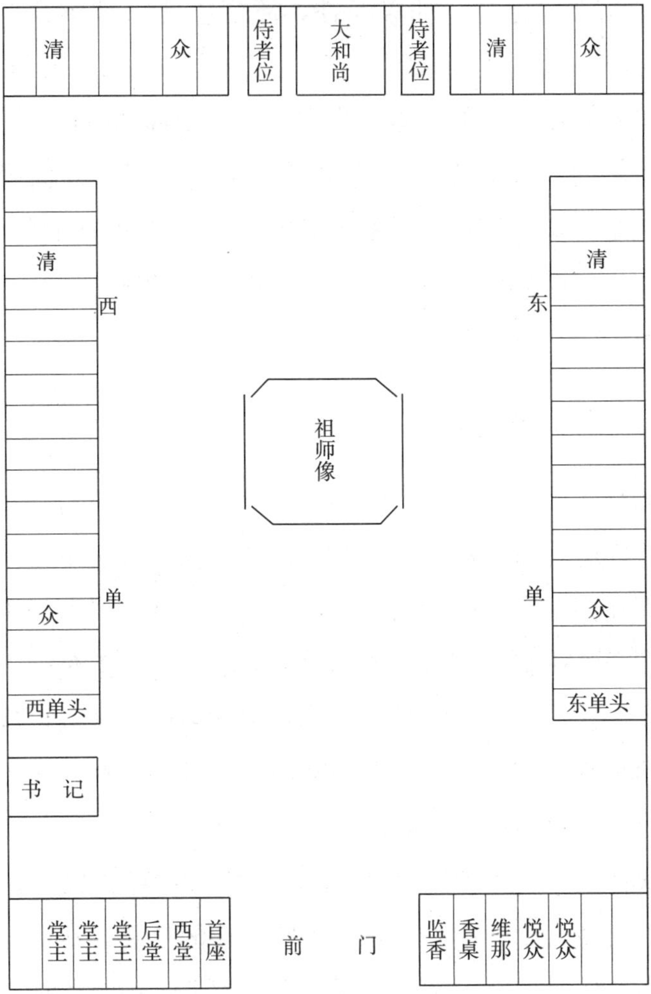

禅师，不从精勤禅定，专志用功中得成正果的。每年初夏，便依律禁足安居三月，又谓之“结夏”。到了旧历七月十五日圆满，也谓之“夏满”，或称谓“解夏”。所以从前问出家为僧的年龄若干，便请问他夏腊多少。所以丛林禅堂，制立如此风规，恰是佛法的真实正途，俗话说：“久坐必有禅”，这也不是绝无道理的。到了两宋以后，许多大儒，都向往禅堂规模和教育方法，抽梁换柱，便变成儒家理学家们的静坐、讲学、笃行、实践等风气了。禅堂的门口，帘幕深垂，一阵阵的飘出袅娜的炉香，当大家上座坐禅的时候，普通叫作收单，门口便挂上一面止静的牌子。这时，外面经过的人，轻足轻步，谁也不敢高声谈论，恐怕有扰他们的清修。到了休息的时候，门口换挂一面“放参”的牌子，才可以比较随便一点，普通又名为开静。

丁　禅堂内外的教育方法：

丛林既以禅堂为教育的中心，那就天天必有常课了。诚然，他们的常课，便是真参实证，老实修行本分下事，却不是天天在讲学说法的。因为在禅宗门下，认为讲习经论，那是属于义学法师们的事，他们重在老实修行。遇到晚上放参的时候，住持和尚莅临禅堂，说些用功参禅的法门，或者有人遇到疑难，请求开示，便随时说法指导，这样就叫做“小参”。后世风规日下，有时住持和尚偷懒，便请堂主升座说法，这也叫作“小参”。倘有正式说法，在禅堂以外，另外还有一座说法堂，简称法堂，依照一定的仪式，礼请住持和尚升座说法。这时大都是鸣钟击鼓，依照一定的隆重仪式，通知全寺的僧众，临场听法的，仪式的庄重，和大众的肃然起敬，恰恰形成一种绝对庄严肃穆的宗教气氛，可是禅宗住持和尚说的法，却不如讲经法师们一定要依照佛经术语的法则来讲，也不是只作宗教式的布道。他是随时随地，把握机会教育的方针，因事设教，并无定法的。弟子和书记们，老实记载他的说法讲话，便成为后世的《语录》一类的书了。如果有时讲解经论，又须另在讲堂中举行。对于专门讲解经论的法师，便称为“座主”。丛林的修行教育，固然以禅堂为中心，但作为导师的住持和尚，对于全体笃志修行的僧众们，却要随时随地注意他们修持的过程和进度，偶或在某一件事物，某一表示之下，可以启发他智慧的时候，便须把握时机，施予机会教育。这种风趣而轻松的教育法，在高明的禅师们用来，有时会收到很大的效果，可能对于某一个人，便由此翻然证悟的。既或不能达到目的，有时也变成很幽默的韵事了。后世把这种事实记载起来，便叫作“公案”。理学家们便取其风格，变称“学案”。那些奇言妙语，见之于后世的语录记载里的，便叫做“机锋”和“转语”。由此可见作一位住持丛林的大和尚，他所负的教育责任，是何等的重要，佛经所谓“荷担如来正法”，正是大和尚们的责任所在。所谓“荷担”，也就是说继往开来，住持正法眼藏，以继续慧命的事。唐宋之间，有些得道高僧，自忖福德与智慧、才能和教导，不足以化众的，便往往谦抑自牧，避就其位了。

戊　禅堂的演变：

元明以后，所谓禅寺的丛林，渐渐已走了样，同时其他各宗各派，也都照禅宗丛林的规矩兴起丛林来了。在其他宗派的丛林中，禅堂也有变成念佛堂，或观堂等，所谓真实的禅堂和禅师们，已如凤毛麟角，间或一见而已，令人遥想高风，实在有不胜仰止之叹。民国以来，研究佛学的风气，应运而兴，所以禅门丛林，也多有佛学院的成立。禅宗一变再变，已经变成了禅学，或是振衰革弊，或是重创新规，唯有翘首伫候于将来的贤哲了。

丛林清规的遗范

清规就是百丈禅师所创立，作后世丛林清净仪轨的守则。后代的禅师们，虽亦有另作规则的，但都宗奉《百丈清规》为主。明太祖朱元璋作的《祖训》，清帝康熙作的《圣喻广训》，他们原始体裁的渊源，便是由于《禅门清规》和《禅林宝训》所启发。《百丈清规》原件，早已失传，现在仅有的清规，只有元代敕修的《百丈清规》，以及《百丈清规证义》、《禅苑清规》、《入众日用》、《入众须知》、《幻住清规》、《丛林校定清规总要》、《禅林备用清规》、《日用清规》、《禅林两序须知》等书。日本另有《大鉴清规》、《永平清规》、《莹山清规》等书。但都时届千余年，已经不是百丈旧时原式。就是本文所记叙的，也只简略杂合近代的丛林规矩，已经加入不少的时代气氛了。兹且摘录数则有关文字以作参考。

甲　百丈禅师传

《宋高僧传》："释怀海，闽人也。少离朽宅，长游顿门，禀自天然，不由激劝。闻大寂始化南康，操心依附。虚往实归，果成宗匠。后檀信请居新吴界，有山峻极可千尺许，号百丈屿。海既居之，禅客无远不至，堂室隘矣。且曰：吾行大乘法，岂宜以诸部阿笈摩教为随行邪！或曰：《瑜伽论》、

《璎珞经》是大乘戒律，胡不依随乎？海曰：吾于大小乘中、博约折中、设规务归于善马，乃创意不循律制、别立禅居。初自达摩传法至六祖以来，得道眼者号长老，同西域道高腊长者呼须菩提也。然多居律寺中，唯别院异耳。又令不论高下尽入僧堂，堂中设长连床，施椸架，挂褡道具。卧必斜枕床脣，谓之带刀睡，为其坐禅既久，略偃息而已。朝参夕聚，饮食随宜，示节俭也。行普请法，示上下均力也。长老居方丈，同维摩之一室也。不立佛殿，唯树法堂，表法超言象也。其诸制度，与毗尼师一倍相翻。天下禅宗如风偃草。禅门独行由海之始也。以元和九年甲午岁，正月十七日归寂。享年九十五矣。生当元宗开元八年，公元七二〇年。穆宗长庆元年，敕谥大智禅师。”

乙　百丈禅师入道因缘：

《指月录》载：“洪州百丈山怀海禅师，福州长乐人，王氏子。儿时随母入寺拜佛，指佛像问母曰：此为谁？母曰佛也。师曰：形容与人无异，我后亦当作佛。早岁离尘，三学该练。参马大师为侍者。檀越每送斋饭来，师才揭开盘盖，马大师便拈起一片胡饼示众云：是什么？每每如此。经三年，一日侍马祖行次，见一群野鸭飞过。祖曰：是甚么？师曰：野鸭子。祖曰：甚处去也？师曰：飞过去也。祖遂把师鼻扭，负痛失声。祖曰：又道飞过去也？师于言下有省。却归侍者寮，哀哀大哭。同事问曰：汝忆父母耶？师曰：无。曰：被人骂耶？师曰：无。曰：哭作甚么？师曰：我鼻孔被大师扭得痛不彻。同事曰：有甚因缘不契？师曰：汝问取和尚去。同事问大师，曰：海侍者有何因缘不契，在寮中哭，希和尚为某甲说？大师曰：是伊会也，汝自问取他。同事归寮曰：和尚道，汝会也，教我自问汝。师乃呵呵大笑。同事复曰：适来哭，如今为甚却笑？师曰：适来哭如今笑。同事罔然。次日，马祖升座，众才集，师出卷却席。祖便下座。师随至方丈，祖曰：我适来未曾说话，汝为甚便卷却席？师曰：昨日被和尚扭得鼻头痛。祖曰：汝昨日向甚处留心？师曰：鼻头今日又不痛也。祖曰：汝深明昨日事，师作礼而退。师再参，侍立次，祖目视绳床角拂子，师曰：即此用，离此用。祖曰：汝向后开两片皮，将何为人师？取拂子竖起。祖曰：离此用，即此用。师挂拂子于旧处，祖振威一喝，师直得三日耳聋。未几，住大雄山，以所处岩峦峻极，故号百丈。四方学者麏至。一日谓众曰：佛法不是小事，老僧昔被马大师一喝，直得三日耳聋。”

丙　宋学士杨亿《百丈清规序》：

百丈大智禅师以禅宗肇自少室，至曹溪以来，多居律寺，虽列别院，然于说法住持，未合规度，故常尔介怀。乃曰：佛祖之道，欲诞布化元，冀来际不泯者，岂当与诸部阿笈摩教，为随行耶！或曰：《瑜伽论》、《璎珞经》，是大乘戒律，胡不依随哉？师曰：吾所宗，非局大小乘，非异大小乘，当博约折中，设于制范，务其宜也。于是创意，别立禅居。凡具道眼者，有可尊之德，号曰长老，如西域道高腊长呼阿阇黎等之谓也。即为教化主，处于方丈，同净名之室，非私寝之室也。不立佛殿，先树法堂者，表佛祖亲嘱受，当代为尊也。所裒学众，无多少，无高下，尽入僧堂，依夏次安排。设长连床，施椸架，挂褡道具。卧必斜枕床唇：右胁吉祥睡者，以其坐禅既久，略偃息而已，具四威仪也。除入室请益，任学者勤怠，或上或下，不拘常准。其合院大众，朝参夕聚，长者上堂，升座，主事徒众，雁立侧聆。宾主问酬，激扬宗要者，示依法而住也。斋粥随宜，二时均遍者，务于节俭，表法食双运也。行普请法，上下均力也。置十务寮舍，每用首领一人，管多人营事，令各司其局也。或有假号窃形，混于清众，别致喧挠之事，即当维那检举，抽下本位挂褡，摈令出院者，责安清众也。或彼有所犯，集众公议行责，即以拄杖杖之，遣逐从偏门而出者，示耻辱也。详此一条，制有四益：一、不污清众，生恭信故。二、不毁僧形，循佛制故。三、不扰公门，省狱讼故。四、不泄于外，护宗纲故。大众同居，圣凡孰辨。且如来应世，尚有六群之党，况今像末，岂得全无。但见一僧有过，便雷例讥诮，殊不知轻众坏法，其损甚大。今禅门若稍无妨害者，宜依百丈丛林规式，量事区分。且立法防奸，不为贤士。然宁可有格无犯，不可有犯无教。惟大智禅师，护法之益，其大矣哉！禅门独行，自此老始。清规大要，遍示后学，令不忘本也。其诸轨度，集详备也。亿叨睿旨，删定《传灯》，成书图进，因为序引。翰林学士开国侯杨亿述。”

丁　百丈大智禅师丛林要则二十条：

丛林以无事为兴盛。修行以念佛为稳当。

精进以持戒为第一。疾病以减食为汤药。

烦恼以忍辱为菩提。是非以不辩为解脱。

留众以老成为真情。执事以尽心为有功。

语言以减少为直截。长幼以慈和为进德。

学问以勤习为入门。因果以明白为无过。

老死以无常为警策。佛事以精严为切实。

待客以至诚为供养。山门以耆旧为庄严。

凡事以预立为不劳。处众以谦恭为有礼。

遇险以不乱为定力。济物以慈悲为根本。

戊　《宝王三昧论》：

一、念身不求无病，身无病则贪欲易生。

二、处世不求无难，世无难则骄奢必起。

三、究心不求无障，心无障则所学躐等。

四、立行不求无魔，行无魔则誓愿不坚。

五、谋事不求易成，事易成则志存轻慢。

六、交情不求益吾，交益吾则亏损道义。

七、于人不求顺适，人顺适则心必自矜。

八、施德不求望报，德望报则意有所图。

九、见利不求沾分，利沾分则痴心亦动。

十、被抑不求急明，抑急明则怨恨滋生。

是故圣人设化，以病苦为良药，以患难为逍遥，以遮障为解脱，以群魔为法侣，以留难为成就，以敝交为资粮，以逆人为园林，以布德为弃屣，以疏利为富贵，以屈抑为行门。

如是居碍反通，求通反碍。是以如来于障碍中，得菩提道。至若鸯崛摩罗之辈，提婆达多之徒，皆来作逆，而我佛悉与记莂，化令成佛。岂非彼逆，乃吾之顺也，彼坏乃我之成也。而今时，世俗学道之人，若不先居于碍，则障碍至时，不能排遣，使法王大宝，由兹而失，可不惜哉！可不惜哉！（余略）

丛林与宗法社会

“法久弊深”，这是吾国传统的一句名言。尊为方外清高的丛林，历传久远，仍然跳不出这个法则。因为丛林的制度，是天下一家的制度，其中绝对不能存私。但既要作之君、作之师、作之亲的结果，往往亲亲之情，会超过君师之义，所以便生出个人自我的私见。佛戒我执，教人要切实修到无我的境地。丛林戒为私，而且认为它是十方众生所共有的，所以通称为之十方丛林，因此僧众在丛林里，就不能随便收徒弟。即使勉强收了徒弟，这种师徒的关系，只能算是个人的行为，不能算作全寺的关系。如果住持和尚收了徒弟，也不能随便承受和尚的位置，后任的和尚，仍须要在十方高僧中，遴选接位。这样一来，从道理和法理来说，一点都不错，可是人毕竟还是人，站在人的感情行为上，慢慢的就有些行不通了。于是在十方丛林制度以外，渐渐的便有“子孙丛林”的建立，和庵堂小庙等的兴起。所谓“子孙丛林”，便是师徒世代相承，等于普通人宗族的世代衔接是一样的，只是不同于普通的血统关系罢了。弟子既可继承师位，同时也接管了全寺的财产，而且这一寺的财产，只算属于这一寺的，却不是十方众生所共有共享的了。其他如礼请班首执事，容纳挂褡食住，形式上与十方丛林都是一样，只是对寺内事物，加上一些私有权利的限制，不能完全公诸天下僧众。在子孙丛林里，假定一个和尚收了几个徒弟，便以先进三门为大，排列徒弟的次序。徒弟辗转再收徒孙，便由这原始的一支分作房分，等于普通宗族的叔伯兄弟的关系。由此历久弊深，有些不肖之徒，也就发生权位财产的争执，甚之，行为等同俗人一样了。人类文明究竟是进步的呢？还是退化的呢？这是哲学上一个大问题，殊令人难下断语。站在社会的观点上看，任何宗教，也只能算是一个不同的社会，社会便是人为的，你能否认人不是一个普通的生物吗？与其如此，对于一个社会形态的转变，就没有什么诧异了。而且由于子孙丛林和庵堂小庙的建立，可以看出中国传统文化的根基深厚，传统的宗法观念和组织，依然深植在每一个社会之中。

子孙丛林的最初建立，可能和百丈建立丛林制度，是先后同时的时代产品。因为禅宗是重师承门派的，所以门庭设立，也是顺理成章的当然结果。尤其到了晚唐五代之间，五家宗派分立，各家的徒孙法子观念，便已牢植人心了。所以临济、曹洞、沩仰、云门、法眼，就各有它子孙次序的派演代字，代代留传下来，直到现在，还在应用。有时，他们是把这留传的代字次序用完了，再来从头算起，如此轮转无穷，却不同宗法社会的族系，始终重于层层递下的。明清以后，国内丛林，大多是临济宗的子孙，其余各宗，已经衰落到不绝如缕了。

此外，演变愈久，便有子孙小庙的兴起，这就等于一个僧众的小家族，除了没有男女夫妇的关系，绝对宗奉佛教以外，其余一切习惯，与俗人差别并不太多，也可以说，只是一个独身者的修行集团而已。等而下之，东邻日本的家庭寺庙制度的兴起，行见东方佛教，快要完全变质，对于丛林制度的向往，只有引用孔子的一句话说：“禘自既灌而往者，吾不欲观之矣。”

丛林与中国文化

丛林的制度，显然是中国文化的产品。如果认为佛教传来中国，便受到中国文化的融化，产生了佛教革新派的禅宗，这事已略如前论，不必重说。严格说来，佛教经过中国文化的交流，却有两件大事，足以影响佛法后来的命运，而且增强它慧命的光辉。

第一、在佛学学理方面的整理，有天台、华严两宗严整批判的佛学。天台宗以五时八教，贤首宗以五教十宗等，概括它的体系，这便是有名的分科判教。

第二、在行为仪式方面，就是丛林制度的建立。它融合了传统文化的精神，包括儒家以礼乐为主的制度，适合道家乐于自然的思想。而且早在千余年前，便实行了中国化的真正民主自由的规模。它的制度，显然不相同于君主制度的宗教独裁，只是建立一个学术自由，民主生活的师道尊严的模范。

除了中国以外，接受南传原始佛教文化的，如泰国、柬埔寨、老挝、斯里兰卡和缅甸，传续到了现在，虽然已非旧时面目，但多少总还存有一些原来方式。可是它所仅存的生命，不过是依赖政府与民间信仰的残余，与丛林制度比较起来，有识之士，便不待言而可知了。如果深切了解释迦牟尼的全部教义，便会知道只有中国的丛林制度，确能与他的本意不相违背。由此可见无论南传北传的佛教，都没有像东来中土的伟大成就，这是什么原因呢？我们可以了解，凡是自己没有悠久博大的文化之民族，纵然佛光普照，他的本身，仍然无力可以滋茂长大。所以说，当达摩大师在印度的时候，遥观东土有大乘气象，不辞艰苦，远涉重洋，便放下衣钵，把佛法心印传留在中国了。

一个文化悠久的国家，历史剩遗在山川名胜的背景，已经足以表示整个文化的光辉。何况它的精神，还是永远常存宇宙，正在不断的继往开来呢！仅以丛林创建的制度来说，它给全国的山光水色，已经增加了不少诗情画意，表现出中国文化的风格，唐代诗人杜牧有诗云："南朝四百八十寺，多少楼台烟雨中。"这还只是描写南北朝以来的江南佛教事迹，到了唐朝以后，因为丛林寺院的兴盛，可以说，率土之滨，莫不有寺。名山之顶，何处无僧。所以后人便有"天下名山僧占多"之咏了。加上以唐人气度的雄浑，宋人气度的宽廓，二者融会在寺院建筑之中，我们在全国各地，到处都可见到美仑美奂，壮丽雄伟的塔庙。只要你翻开各省的省志，各州、府、县的地方志，要查名胜古迹，僧道寺院，便已占去一半。缅怀先哲，追思两三千年的留传至今的事物，岂能不令人痛恨这些一知半解，妄自蔑视中国文化的人们！须知一个根深蒂固的文化，建设起来，是经过多少时间，和多少哲人的心血所完成。要想改变，以适应世界的趋势而争取生存，那也要学而有术，谋定而后动，岂是浅薄狂妄，轻举妄动所能做得到的吗？

丛林与帮会社会

丛林禅寺，虽然是僧众集团专修的一个佛教社会，究竟它是具有宗教组织和戒条管理的。否则，在佛教慈悲平等的观念下，如果发生人事情伪的纠纷，比之普通社会，恐怕还难处理。所以传说中便有“宁带一千个兵，不带一百个僧，”就是这个意思。但是过去的住持和尚们，和其他被请任为丛林的班首执事们，他们的德行才智，姑且不论，就各人的身世经历来说，大多都还有一番涉世的经验，因此古人称此中是“龙蛇混杂，凡圣同居”，确实是最难分辨的。在中国历史上，许多失意英雄，亡国志士，或是身世有难言之痛的，很多都在心灰意懒之余，托迹禅门，参求正果，自以红鱼青磬，了此残生的，事实并不太少。当唐宋以来禅门兴盛的时候，一个丛林中所容纳的僧众，往往多以千计，所以在严格执行清规戒律以外，势必阴以兵法部勒弟子，也是极其可能的事。唐、宋、明，开国之初，少林寺等僧人，帮助李世民，赵匡胤，朱元璋辈平定天下，功成不居，退归林下，这也是历史的事实。例如田雯《游少林寺记》说：唐僧昙宗，住河南少林寺。精通武艺。武德四年，太宗时为秦王，奉命讨王世充。昙宗等十三人，参加战阵。以威猛善战，克敌制胜。太宗奉昙宗为大将军，其余不愿为官者，各赐紫罗袈裟一袭。少林寺便将石刻御劄嵌于壁间云云。又例如《樵书二编》卷九载，僧兵湖广士兵论云：“明嘉靖癸丑，倭兵入犯苏淞海滨，以兵民御之，败而走者三十七阵矣。操江蔡公克廉募僧兵歼灭之。自后我师与倭战多凯旋。凯旋自天员一阵始也。”“倭犯杭城，三司会僧兵四十人御之。其将为天真、天池二人。天池乃少林僧。于是交兵，大破倭奴。倭人走袭上海太仓。蔡公驻节于苏，走金币至杭，聘取僧兵。杭方戒严，莫肯与。鹿园（僧名）无以谢蔡公，使人请月空等十八人，原非御寇四十人之列。三司遂听之。鹿园与月空曰：尔之见都院也，宜述僧兵众寡不敌之形，缴其礼币而善辞之，脱有不允，可荐少林僧天员为将。见讲《楞严经》于天池山中，乃将材也。月空见蔡公，辞不获，遂荐天员。天员就聘出山，乃五月十日也。蔡公馆之于瑞光寺，与月空同处。月空领杭僧兵十八名，天员领苏僧四十八人，协力征剿。又选蛇山兵十人，与月空合为一枝。六月初十日遣哨兵六团，有贼百余人。奋力追击，贼惧而逸。复屡战辄胜，凡翁家港所逃，及老营之贼，悉剿灭无遗。计僧所伤亡者四人耳。”尤其是朱元璋微时，曾在皇觉寺为僧，当然他了解丛林的制度，所以他的初期官制，还有如丛林班首称呼的存在，例如都察院等的称谓，便是丛林的情调。因为明代的官制，是因袭元代的旧制，再参酌唐宋的制度，加以改变而来。元代的官制，受喇嘛教和刘秉忠的影响，许多地方，都带有僧团的意味，虽然有耶律楚材之才之美，仍然难以出其窠臼。

当南宋金元之间，道士丘处机师徒等，便仿照禅宗丛林制度，创立全真道保存民族文化。到了清朝入关以后，前明的亡国大夫，与一般有智识的人士，独抱亡国之痛，凡义不降清，或者想图谋恢复的，他们有鉴于士大夫的容易变节，便暗中联络江湖豪侠等辈，渐渐就形成为民间帮会的组织，相传如顾亭林、李二曲、黄黎洲、傅青主等人，就是在幕后倡导其事的中坚分子。当然此中参加的，一定有许多逃名避祸的明朝遗老，自借和尚道士的身份活动的。所以这种帮会社会的组织，除以传统文化的忠孝仁义为骨干，志在反清复明，其他规矩仪式，都是仿照丛林制度的形式。例如清初的哥老会（洪帮），以及以后分化为青帮、红帮等等，他的外表只是一种社会活动，内在的目的，还是企图为民族国家，恢复大业。其他如在北方一带，以三教合参的理门，以后称为“理教”，它的组织，也是参照丛林制度的。等而下之，如明清两代的各种道派，以及大刀会、红枪会以及各种似道非道的道术门派，或多或少，总是因袭丛林的规矩来组织的，由此可见丛林制度，它在中国各阶层的社会里，确是有它历史上的特殊影响。

结　论

中国传统文化，素来是以儒家为主流。儒家高悬大同天下的目的，是以礼乐为主道政治的中心。由于礼乐的至治，就可以实现礼运大同篇的天下为公的目的。但是经过数千年的传习，一直到了唐代，才只有在佛教禅宗的丛林制度里，实现了一个天下为公的社会。它在形式上，固然是一种佛教僧众的集团，然在精神上，它是融合礼乐的真义和佛教戒律的典型。“礼失而求诸野”，如果讲到一个真善美的社会风规，恐怕只有求之于丛林制度了。但是也还不能作为治国平天下的规模，因为国事天下事，与丛林社会相比，其艰难复杂，又何止百千万倍。人是一个有情感和理性的生物，无论性和情，只要偏重在哪一面，就不能两得其平，结果都不会安定人生的。丛林制度它能普及流传，不外四个原因：

第一、因为出家了的僧众，已经发自内心的，抑弃了世事人欲的情感牵扰，虽然住在丛林里，过的是集团生活，又是绝对自由追求自我理想的境界。

第二、宗教的信仰，和发自因果分明的观念，已经不需要外加的法律管制。

第三、各人由内心的自净其意，发为规矩，便是最高自治的原理。

第四、维持生命生活的经济制度，早已做到福利的要求，所以他们只要管自己的身心修养，其余的一切就都可以放下了。

因此他们可以做到，像儒家礼乐最高目的，和墨家摩顶放踵以利天下的要求。如果是普通人的社会呢？男女饮食和物欲的权利，只有日益向外扩充和发展。人事和世事的推排，相互间便有争执。许多在学理和教育上决定是正确的道理，一到人情和人欲的要求上，便完全不是那样一回事了。即如完美的丛林制度，他在教导以外，再没有刑责可行，假使没有最高道德作为依持，要想求其安然垂范达千余年之久，绝对是不可能的事。南宋时代，杭州径山大慧宗杲禅师，与温州龙翔竹庵大珪禅师，恐怕后来丛林衰落，便合力记述历来丛林住持的嘉言善行，留作后世的准绳，作了一部《禅林宝训》的书。其中高风亮节，以及敦品励行的典型，足以与宋儒学案，比美千秋。如果去掉它僧服的外层，作为为人处世的修养范本来看，一定别有无穷受用，可以启发无限天机。

百丈禅师创建丛林以来，他的初衷本意，只是为了便利出家僧众，不为生活所障碍，能够无牵无挂，好好的老实修行，安心求道。他并不想建立一个什么社会，而且更没有宗教组织的野心存在，所谓“君子爱人以德”则有之，如果认为他是予志自雄，绝对无此用心。尤其是他没有用世之心，所以他的一切措施，自然而然的，便合于儒佛两家慈悲仁义的宗旨了。如果他有世务上的希求，那便会如佛经所说，“因地不真，果遭纡曲”，岂能成为千古宗师。在他当时，一般人之所以责骂他是破戒比丘，只因大家抵死执著印度原始佛教的戒律，认为出家为僧，便不应该耕种谋生的。站在我们千秋后世的立场来看，如果他当时不毅然改制，还让僧众们保持印度原来的乞食制度，佛教岂能保存其规模，传流到达现在吗？禅宗最重人们确有见地，佛教称佛为大雄。时移世变，时代的潮流，由农业社会的生活方式，已经进到工商业科学化的今天，追怀先哲，真有不知我与谁归之叹了。

东方出版社南怀瑾作品

论语别裁（上下）
话说中庸
孟子与公孙丑
孟子与离娄
孟子与滕文公、告子
原本大学微言
孟子旁通
孟子与万章
孟子与尽心篇

维摩诘的花雨满天（上下）
《瑜伽师地论·声闻地》讲录
金刚经说什么
药师经的济世观
圆觉经略说
楞严大义今释
楞伽大义今释
禅话
禅海蠡测
禅与生命的认知初讲
南怀瑾与彼得·圣吉——关于禅、生命和认知的对话
禅宗与道家
答问青壮年参禅者
定慧初修
如何修证佛法
学佛者的基本信念
中国佛教发展史略述

老子他说（初续合集）
庄子諵譁

列子臆说(上中下)
我说参同契(上中下)
易经系传别讲
易经杂说
静坐修道与长生不老
道家、密宗与东方神秘学
中国道教发展史略述

小言黄帝内经与生命科学
漫谈中国文化——金融 企业 国学
廿一世纪初的前言后语
南怀瑾讲演录2004—2006
亦新亦旧的一代
人生的起点和终站
历史的经验
中国文化泛言

Basic Buddhism: *Exploring Buddhism and Zen*(《中国佛教发展史略述》英文版)
Tao and Longevity(《静坐修道与长生不老》英文版)

图书在版编目(CIP)数据

中国佛教发展史略述/南怀瑾 著.—北京:东方出版社,2015.3

ISBN 978-7-5060-8118-4

Ⅰ.①中… Ⅱ.①南… Ⅲ.①佛教史-研究-中国 Ⅳ.①B949.2

中国版本图书馆 CIP 数据核字(2015)第 067138 号

中国佛教发展史略述

南怀瑾 著

责任编辑:孙 涵 葛灿红
出　　版:东方出版社
发　　行:人民东方出版传媒有限公司
地　　址:北京市东城区朝阳门内大街 166 号
邮　　编:100706
印　　刷:环球印刷(北京)有限公司
版　　次:2015 年 7 月第 1 版
印　　次:2015 年 7 月第 1 次印刷
开　　本:640 毫米×960 毫米 1/16
印　　张:14
字　　数:150 千字
书　　号:ISBN 978-7-5060-8118-4
定　　价:46.00 元
发行电话:(010)64258117 64258115 64258112

如有印装质量问题,请拨打电话:(010)64258029